Herausgegeben von oekom e.V. – Verein für ökologische Kommunikation

www.blauer-engel.de/uz195
- ressourcenschonend und umweltfreundlich hergestellt
- emissionsarm gedruckt
- überwiegend aus Altpapier

Dieses Druckerzeugnis ist mit dem Blauen Engel ausgezeichnet.

Bibliografische Information der Deutschen Nationalbibliothek: Die Deutsche Nationalbibliothek verzeichnet diese Publikation in der Deutschen Nationalbibliografie; detaillierte bibliografische Daten sind im Internet über http://dnb.d-nb.de abrufbar.

© 2023 oekom, München
oekom verlag, Gesellschaft für ökologische Kommunikation mbH
Waltherstraße 29, 80337 München

Umschlaggestaltung, Layout und Satz: Lone Birger Nielsen
Lektorat: Anke Oxenfarth, Marion Busch

Druck: Kern GmbH
Gedruckt auf 100% FSC-Recylingpapier (außen: Circleoffset White; innen: Circleoffset White), zertifiziert mit dem Blauen Engel (RAL-UZ 14)

ISBN 978-3-98726-004-9

oekom e.V. – Verein für ökologische
Kommunikation (Hrsg.)

Transformativ
Nur mit Geschlechtergerechtigkeit

Mitherausgegeben von der
Fachgesellschaft Geschlechterstudien
und dem Umweltbundesamt

politische ökologie ⋮ **Die Reihe für alle, die weiter denken**

Die Welt steht vor enormen ökologischen und sozialen Herausforderungen. Um sie zu bewältigen, braucht es den Mut, ausgetretene Denkpfade zu verlassen, unliebsame Wahrheiten auszusprechen und unorthodoxe Lösungen zu skizzieren. Genau das tut die *politische ökologie* mit einer Mischung aus Leidenschaft, Sachverstand und Hartnäckigkeit.

Die *politische ökologie* schwimmt gegen den geistigen Strom und spürt Themen auf, die oft erst morgen die gesellschaftliche Debatte beherrschen. Die vielfältigen Zugänge eröffnen immer wieder neue Räume für das Nachdenken über eine Gesellschaft, die Zukunft hat.

Herausgegeben wird die *politische ökologie* vom
oekom e.V. – Verein für ökologische Kommunikation.

Fühlen Sie sich manchmal auch ganz »zergendert«? Mir geht es so, wenn sich Menschen erbittert und unversöhnlich über das Für und Wider von geschlechtssensiblen Schreibweisen streiten. Oder wenn bei Transformationsdebatten, wie etwa der über die Energie- und Verkehrswende, konsequentes Achten auf die unterschiedlichen Bedürfnisse der Geschlechter noch immer als nervige Zusatzaufgabe wahrgenommen und nicht als Chance begriffen wird.

Denn Geschlechtergerechtigkeit gilt national wie international längst ganz offiziell als wichtiges politisches Ziel. So hat die Ampelkoalition in Deutschland das Thema in ihrer „Zukunftsstrategie Forschung und Innovation" als ein zentrales Feld benannt. Damit schließt sie zum einen an den Gender-Mainstreaming-Ansatz an, den die rot-grüne Bundesregierung im Juni 1999 beschlossen hatte. Zum anderen wird damit das Ziel der Agenda 2030 der Vereinten Nationen adressiert, bis 2030 weltweit Geschlechtergerechtigkeit herzustellen (SDG 5).

An ehrgeizigen Zielen mangelt es also nicht, wohl aber an der praktischen Umsetzung in den einzelnen Handlungsfeldern. Wie so oft, wenn es um's Eingemachte geht, sind auch hier die Unsicherheiten und Beharrungskräfte groß. Das ist kurzsichtig, denn ohne gendersensible Politiken und Herangehensweisen kann es keinen echten gesellschaftlichen Wandel geben! Das Erreichen einer solidarischen Lebensweise aller Geschlechter und ein zukunftsfähiger Umgang mit den großen sozialen und ökologischen Herausforderungen unserer Zeit sind zwei Seiten einer Medaille. – Lassen Sie sich also nicht »zergendern«, sondern bleiben Sie unverdrossen Teil des progressiven Wandels!

Anke Oxenfarth
oxenfarth@oekom.de

Inhaltsverzeichnis

Revision

Revolution

Für die gute Zusammenarbeit und die finanzielle Unterstützung danken wir dem Umweltbundesamt und der Arbeitsgruppe „Geschlechterverhältnisse, Nachhaltigkeit, Umwelt und Transformation (GENAU▲T) der Fachgesellschaft Geschlechterstudien.

„In den vergangenen 25 Jahren war der Fortschritt langsam, und wir sind es leid, darüber zu reden. Wir wollen Tempo, großes Tempo. Und wir wollen sicherstellen, dass wir, wenn wir das Jahr 2030 erreichen, einen Unterschied gemacht haben."

Phumzile Mlambo-Ngcuka, Generaldirektorin UN Women

_ Quelle: www.bmz.de/de/agenda-2030/sdg-5

Geschlecht und Klimawandel

„Klimawandel [ist] in Wirklichkeit ein soziales, wirtschaftliches und politisches Phänomen mit tiefgreifenden Auswirkungen auf die soziale Gerechtigkeit und die Gleichstellung der Geschlechter. Die Menschen erleben den Klimawandel je nach ihrem Geschlecht unterschiedlich. Auch die Strategien zur Bewältigung der Klimakrise können je nach Geschlecht unterschiedlich sein.

Machtverhältnisse und sozial konstruierte Geschlechternormen prägen die Rechte, Rollen, Fähigkeiten und Präferenzen von Menschen mit unterschiedlichen Geschlechtsidentitäten in der ganzen Welt. Frauen sind von den Auswirkungen des Klimawandels oft unverhältnismäßig stärker betroffen als Männer. Gleichzeitig stoßen sie an Grenzen, wenn es darum geht, sich an der Klimapolitik und den entsprechenden Maßnahmen zu beteiligen.

Die Art dieser Unterschiede variiert natürlich je nach Kontext und wird auch von Alter, ethnischer Zugehörigkeit, Klasse und einer Reihe anderer Faktoren beeinflusst, die mit den Geschlechterverhältnissen interagieren. Deshalb ist ein Verständnis der sich überschneidenden Formen der Unterdrückung wichtig."

_ Quelle: www.gendercc.net/gender-climate.html. Übersetzung: ao

„Feminismus ist ein politisches Projekt, das anstrebt, was einmal sein könnte. […] Wenn du dich für eine kritische feministische Politik entscheidest, setzt du dich für eine Welt ein, die noch nicht geschaffen wurde. Eine Welt, von der dir andere sagen werden, dass du töricht bist, daran zu glauben."

Lola Olufemi, britische Schriftstellerin und Organisatorin der London Feminist Library. Autorin von „Feminism, Interrupted. Disrupting Power", London.

Planetarischer Feminismus

„Ein planetarischer Feminismus [setzt] die reziprok-zyklische Regeneration als das Primat des Politischen, nicht nur im Sinne einer Anerkennung von reproduktiven Tätigkeiten als ökonomisch wertproduzierend, sondern darüber hinaus auch als Vehikel von planetarischer Demokratie, Gerechtigkeit und Souveränität: Diese Netzwerke regenerativer Care- oder Reproduktionszyklen müssten auch in einen juridischen Rahmen gesetzt und damit als Träger*innen von Souveränität, von Rechten oder Bürger*innenschaft verstanden werden. […] Es sind solche Feminismen, die ich als planetarische begreife: Sie überführen die Frage von Geschlechtergerechtigkeit in alternative Entwürfe reproduktiver und ökologischer Inter-Relationen und spitzen dabei Feminismus zum politischen Vorschlag zu."

_ Quelle: Margarita Tsomou in: Fitsch, H. / Greusing, I. / Kerner, I. / Meißner, H. / Oloff, A. (Hrsg.): Der Welt eine neue Wirklichkeit geben. Feministische und queertheoretische Interventionen. Bielefeld 2022, S. 247.

„Die Feminist:innen, die zu lange das Privileg des *Weiß*seins genutzt haben, um sich einen Trickle-down-Feminismus vorzustellen, dessen Parameter von oben herab festgelegt werden, müssen den Weg frei machen für Feminist:innen, die sich dafür einsetzen, das Establishment aufzumischen und zu demontieren."

_ Quelle: Rafia Zakaria, R.: Against White Feminism. Wie weißer Feminismus Gleichberechtigung verhindert, München 2022. S. 233.

Unsichtbare Frauen

„Die Annahme, alles Männliche sei allgemeingültig, ist eine direkte Folge der geschlechtsbezogenen Datenlücke. *Weiß*sein und Mannsein können nur unausgesprochene Selbstverständlichkeiten sein, weil die meisten anderen Identitäten nie artikuliert werden. Aber die Selbstverständlichkeit des Männlichen ist auch ein *Grund* für die Datenlücke: Frauen werden nicht gesehen, und man erinnert sich nicht an sie, weil Daten über Männer den Großteil unseres Wissens ausmachen. So erscheint alles Männliche als allgemeingültig. Es führt zur Positionierung der Frauen – also der Hälfte der Weltbevölkerung – als Minderheit mit einer Nischenidentität und einem subjektiven Standpunkt. So sind Frauen dafür prädestiniert, vergessen zu werden. Sie werden überflüssig – für die Kultur, die Geschichte und die wissenschaftliche Datenerhebung. Und damit werden sie unsichtbar."

_ Quelle: Criado-Perez, C.: Unsichtbare Frauen. Wie eine von Daten beherrschte Welt die Hälfte der Bevölkerung ignoriert. Aus dem Englischen von Stephanie Singh. München 2020, S. 47.

Sozial-ökologische Transformation und Gender

Blick zurück nach vorn

Geschlechtergerechtigkeit gilt national wie international als wichtiges Ziel. Trotz politischer Erfolge führen Erkenntnisse der feministischen Nachhaltigkeitspolitik und -forschung in der Debatte um die Transformation von Wirtschaft und Gesellschaft aber noch immer ein Schattendasein. Eine Standortbestimmung.

*Vom Herausgeberinnenteam der AG GENAU*T und des Umweltbundesamtes*

Bereits weit vor dem sogenannten Erdgipfel der Vereinten Nationen 1992 in Rio de Janeiro haben feministische Bewegungen, die sich in Umwelt-, Entwicklungs- und Friedensfragen engagieren, zum Ausdruck gebracht, dass sozial-ökologische Krisen untrennbar mit Fragen nach Geschlechtergerechtigkeit verbunden sind (vgl. S. 24 ff.). Sie haben politische Positionen erarbeitet und die Integration von Geschlechterperspektiven in (inter-)nationale Dokumente zu nachhaltiger Entwicklung durchgesetzt. Parallel dazu entwickelten sich verschiedene Forschungsansätze, die die Bedeutung der Kategorie Geschlecht in und für die Nachhaltigkeitswissenschaften deutlich machen. In den aktuellen Debatten um sozial-ökologische Transformation(en), in denen ebenfalls nach alternativen Gesellschaftsentwürfen und Zukunftsvisionen gefragt wird, werden Forderungen und Erkenntnisse der feministischen Nachhaltigkeitspolitik und -forschung erneut kaum aufgegriffen. Die Erfahrung, dass es schon immer schwierig war, Geschlechterperspektiven in den Mainstream der Nachhaltigkeitsforschung zu integrieren, scheint sich somit in der (nachhaltigkeitsorientierten) Transformationsforschung zumindest teilweise zu wiederholen.

Und doch gibt es Teilerfolge. Aus einer historischen Perspektive werden die Errungenschaften von feministischen Aktivist*innen und Wissenschaftler*innen vor allem auf der internationalen Ebene sichtbar. So sind als Meilensteine des politischen Nachhaltigkeitsdiskurses die Anerkennung von Frauen* (1) als Hauptgruppe („Major Group") im Zuge der Rio-Konferenz 1992 sowie die Gründung einer Reihe feministischer Nichtregierungsorganisationen wie WEDO (Women's Environment and Development Organization) oder DAWN (Development Alternatives with Women for a New Era) zu nennen. Diesen Lobbygruppen ist es gelungen, die Interessen von Frauen* im Kontext nachhaltiger Entwicklung zu vertreten. Das Kapitel 24 der Lokalen Agenda 21 – „Globaler Aktionsplan für Frauen zur Erzielung einer nachhaltigen und gerechten Entwicklung" – zählt ebenso zu den Erfolgen des weltweiten frauenpolitischen Engagements wie das Ziel 5 „Geschlechtergleichheit" der 2015 von den Vereinten Nationen verabschiedeten Ziele für nachhaltige Entwicklung (Sustainable Development Goals, SDGs).

Allerdings wurde schon bald der schmale Grat zwischen der Teilhabe von und Mitgestaltung durch Frauen* einerseits und ihrer Instrumentalisierung im politischen Nachhaltigkeitsdiskurs andererseits deutlich: Obwohl Frauen* als wichtig für die praktische Umsetzung von Nachhaltigkeitszielen anerkannt werden, besteht zugleich die Gefahr, die Umweltverantwortung zu feminisieren (vgl. S. 60 ff.). Die Forderung nach Integration und Partizipation in bestehende Strukturen steht zudem im Spannungsverhältnis mit dem Ziel einer grundlegenden sozial-ökologischen Transformation, also veränderten Natur-, Geschlechter- und Ökonomieverhältnissen. Dies drückt sich auch aus in zahlreichen Analogien wie etwa „Women don't want to be mainstreamed into a polluted stream". (2)

Geschlechterforschung im Kontext nachhaltiger Entwicklung

Wissenschaftliche Auseinandersetzungen zu Geschlechterverhältnissen und Nachhaltigkeit reflektieren ebenfalls diese Spannungsverhältnisse. Dabei wird deutlich, dass sich Geschlechterforschung und Nachhaltigkeitswissenschaften explizit an der Veränderung von gesellschaftlichen Verhältnissen orientieren. (3) Dass trotz dieser geteilten normativen Orientierung die Verflechtung von Geschlechter- und Nachhaltigkeitsforschung nicht systematisch stattgefunden hat, liegt zum einen an der radikalen Herrschaftskritik feministischer Forschung, die nicht (zur Gänze) geteilt wird. Zum anderen scheint die Nachhaltigkeitsforschung mit einer Bezugnahme auf die Geschlechterforschung bisweilen auch deswegen überfordert, da die Kategorie Geschlecht je nach theoretischer Verortung unterschiedlich konzeptualisiert wird.

Der Hinweis, dass richtigerweise von Geschlechterperspektiven nur im Plural gesprochen werden kann, zeigt neben Vielfalt zugleich auch Kontroversen innerhalb der Geschlechterforschung an: Je mehr sich die Geschlechterforschung etwa (de-)konstruktivistischen Positionen zuwendet, entfernt sie sich von einem politisch adressierbaren Kollektivsubjekt Frau*. So bestehen mit den verschiedenen identitätspolitischen Gruppen und einer Queer-Bewegung unterschiedliche, teils konträre Emanzipationsansprüche: Während letztere jedweder geschlechtlichen Einsortierung und Zuschreibung eine Absage erteilen, berufen sich die verschiedenen identitätspolitischen und diskriminierungskritischen Gruppen genau darauf. Die Frage, welche theoretischen und politischen Konsequenzen queertheoretische Erweiterungen sowie die Auseinandersetzung um den sogenannten New Material Feminism in der Geschlechterforschung für den Nachhaltigkeitsdiskurs haben, scheint bislang mehr oder weniger unbeantwortet.

Kritische Einmischungen durch feministische Netzwerke

Rückblickend gehört es für uns zu den zentralen Erfolgen, dass Aktivist*innen und Wissenschaftler*innen von Anfang an deutlich gemacht haben, dass ökologische Krisen gleichermaßen politische Krisen, Krisen der Wissenschaft und Krisen der Geschlechterverhältnisse sind: Umweltveränderungen treffen Frauen* und Männer*, Mädchen* und Jungen*, aber auch Arme und Reiche, BIPoC (Black, Indigenous and People of Colour) und »weiße« Menschen unterschiedlich. Gleichzeitig gibt es keine politischen (Umwelt-)Maßnahmen, die nicht auch Auswirkungen auf Geschlechterverhältnisse haben.

Auch im deutschsprachigen Raum haben sich Frauen* von Anfang an mit kritischen Reflexionen und eigenen Positionen in den Diskurs um Nachhaltigkeit eingemischt – ausgehend von bereits bestehenden Netzwerken wie dem Verein „Frauen in Naturwissenschaft und Technik e. V. (NuT)" oder dem NRO-Frauenforum der

> **„ Geschlechterperspektiven schaffen Raum für Widerstand, ob in Forschung, sozialer Bewegung oder politischer Mitgestaltung. Sie bieten einen wachsamen Blick auf Ausgrenzung und gleichberechtigte Teilhabe und tragen zu einer gerechteren Welt für alle bei. "**

Nichtregierungsorganisationen. Gleichzeitig bildeten sich zahlreiche neue Netzwerke wie etwa im Jahr 1992 das Netzwerk Vorsorgendes Wirtschaften. Es erweiterte die Diskussion über eine nachhaltige Wirtschaftsweise um die versorgungswirtschaftliche und sozialökonomische Dimension. Eine zentrale Ausgangsfrage dieses Netzwerks war, „ob Frauen, weil sie einen näheren Bezug zu lebensweltlichen Bereichen haben, auch Umweltprobleme anders wahrnehmen, anders handeln und andere Lösungen erwägen bzw. realisieren würden". (3)

1994 gründete sich das FrauenUmweltNetz (FUN), das vielfältige Aktivitäten zur Lokalen Agenda 21 aus Frauensicht initiierte. Ein Jahr später gründete sich dann die AG Frauen im Forum Umwelt & Entwicklung, deren Anliegen es war, feministische Positionen in die Arbeit von Umwelt-NGOs zu integrieren und die Umsetzung der frauenpolitischen Forderungen im Rahmen der Agenda 21-Prozesse in Deutschland kritisch zu beobachten und zu begleiten. Aus beiden Netzwerken entstand wenig später die Leitstelle Gender | Umwelt | Nachhaltigkeit (vgl. S. 103), die zusammen mit (feministischen) Wissenschaftlerinnen insbesondere die Deutsche Nachhaltigkeitsstrategie der AG Frauen auf ihre blinden Flecken und problematischen Annahmen untersucht hat. (4)

Von kritischen Interventionen zu Visionen einer besseren Welt

Das visionäre Potenzial von Geschlechterperspektiven für die sozial-ökologische Transformation zeigt sich für Wissenschaft, Politik und Alltagspraxis in dreierlei Weise:

Neuorientierung in grundlegenden Konzepten und Begriffen: Feministische Forscher*innen üben auch im Rahmen der feministischen Naturwissenschaftsforschung seit den 1980er-Jahren Kritik an der Mensch/Gesellschaft-Natur-Beziehung. So wird beispielsweise die Vorstellung der westlichen Moderne kritisiert, Menschen seien autonom und nicht Teil der Natur, Natur müsse und könne nach eigenem Gutdünken zugerichtet und optimiert werden. Der so beschriebene Mensch trägt die Züge eines männlich gedachten, kontrollierenden Managers und Ausbeuters. Feministische Forscher*innen fordern eine Abkehr von diesem Mensch-Natur-Verständnis (vgl. S. 87 ff.). Sie betonen stattdessen die Verwobenheit mit der nicht menschlichen Mitwelt und fordern Erkenntniswege und Praktiken, die anerkennen, dass die Grenzen zwischen Subjekt und Objekt fließend sind und vermeintlich objektive Fakten immer einen gesellschaftlichen Bezug haben. Diese Neuorientierung erschüttert Selbstverständlichkeiten, die unseren Umgang miteinander und mit Natur bisher prägten.

Damit geraten auch Normierungen zur genauen Bestimmbarkeit von Natur und Menschen in den Blick. Geschlechterperspektiven bieten hier eine inklusive Vielfaltsperspektive, die den unverrückbaren Festsetzungen und ausgrenzenden dualistischen Zuordnungen – etwa Mann oder Frau, Kultur oder Natur, Wildnis oder bewirtschaftete Natur – Grenzauflösungen und Uneindeutigkeit entgegensetzt. Darüber werden neue individuelle Inszenierungen und Lebensformen ermöglicht. So kann sich ein kollektives Verständnis einer dynamischen, vielförmigen, anpassungs- und zukunftsfähigen Gesellschaft entwickeln.

Betonung von Machtverhältnissen, Gerechtigkeit und Antidiskriminierung: Die konsequente Kritik der Geschlechterforschung an herrschaftlichen Verhältnissen, Ungerechtigkeiten und Diskriminierung eröffnet neue Optionen (und Notwendigkeiten) der gesellschaftlichen Teilhabe und Demokratisierung – und ist damit für die Gestaltung sozial-ökologischer Transformation von zentraler Bedeutung. Im Laufe der wissenschaftlichen und politischen Debatten um Nachhaltigkeit hat sich sowohl das inhaltliche Spektrum als auch das Netzwerk an Unterstützer*innen feministischer Bewegungen und Forschungen um weitere Belange (Queer Ecology, Postkolonialität, Intersektionalität) ergänzt.

> **Geschlechterperspektiven leuchten die blinden Flecken der neoklassischen Ökonomik und die herrschaftsförmigen Grundlagen unserer gewinnorientierten Produktionsweise aus.**

Geschlechter- und Umweltgerechtigkeit zu fordern sowie Diskriminierungsformen und -mechanismen in den (eigenen) Prozessen und Handlungen zu reflektieren, ist heute ein wesentliches Merkmal kritischer Nachhaltigkeitsbewegungen und -forschungen. (5) Geschlechterperspektiven in der sozial-ökologischen Transformation schaffen Raum für Widerstand, ob in Forschung, sozialer Bewegung oder politischer Mitgestaltung. Sie bieten einen wachsamen Blick auf Ausgrenzung und gleichberechtigte Teilhabe – auch in alternativwirtschaftlichen und beteiligungsorientierten Politikansätzen – und tragen damit zu einer gerechteren Welt für alle bei. Auch die Transformationsforschung und -politik benötigt eine Stärkung von tendenziell vernachlässigten Sichtweisen, braucht in den mächtigen wissenschaftlichen und politischen Institutionen Menschen, die neue Strukturen und Sichtweisen ermöglichen. Nur so lässt sich visionären Denkweisen, Alternativentwürfen und gelebter Solidarität in der Forschung und in der Politik Gehör und Raum verschaffen.

Entwicklung und Anwendung von Theorien und Praktiken vorsorgenden Wirtschaftens: Geschlechterperspektiven leuchten die blinden Flecken der neoklassischen Ökonomik und die herrschaftsförmigen Grundlagen unserer gewinnorientierten Produktionsweise aus. Hauptkritikpunkt ist, dass die Produktivität der Natur und die unbezahlten Arbeiten, die die Grundlage für jede Form von Wirtschaft darstellen, ökonomisch unsichtbar gemacht und nicht als Wert anerkannt werden, obwohl ständig und wie selbstverständlich über sie verfügt wird. Feministische sozial-ökologische Ökonom*innen fordern stattdessen Praktiken des vorsorgenden Wirtschaftens (vgl. S. 80 ff.), Praktiken, in denen die Wiederherstellung von gesellschaftlichen und ökologischen Grundlagen vor Gewinnmaximierung steht, vertrauensvolle solidarische Handelsbeziehungen Vorrang haben vor einem anonymen Markt und es um den Konsum gesunder Qualitätsprodukte statt Massenkonsum geht. Beispiele hierfür sind Betriebe der solidarischen Landwirtschaft, gemeinschaftliche Wohnprojekte oder auch Unverpacktläden, die sich an Geschlechtergerechtigkeit, Ressourcenreduktion und regenerativen Ökonomieansätzen orientieren.

Gender still matters!

Vor diesem Hintergrund gehen wir davon aus, dass eine Integration von Geschlechterperspektiven augenöffnend für Macht- und Herrschaftsverhältnisse, für Zielkonflikte und Widersprüche sowie für blinde Flecken in den Debatten um sozial-ökologische Transformationen wirkt und daher unerlässlich ist. Es gilt deshalb, die kritischen Interventionen und visionären Perspektiven, die von Aktivist*innen und Wissenschaftler*innen erarbeitet wurden und stetig weiterentwickelt werden, immer wieder in Erinnerung zu rufen und stark zu machen.

Dieser Schwerpunkt der *politischen ökologie*, der in Kooperation zwischen dem UBA, der AG GENAU*T und dem oekom e. V. entstanden ist, will hierzu einen Beitrag leisten und damit sowohl eine Standortbestimmung der Debatten um Geschlechterverhältnisse und Nachhaltigkeit vornehmen als auch Visionen für deren zukünftige Ausgestaltung aufzeigen. Neben Beiträgen aus aktuellen Projekten der Transformationsforschung wird auch Erfahrungswissen derjenigen abgebildet, die zum Teil seit über 30 Jahren die wissenschaftliche und politische Landschaft zu Geschlechterverhältnissen und Nachhaltigkeit prägen. Es erwarten Sie Rückblicke, Interviews und Kommentare zur (Re-)Vision einer Debatte, in der schon vieles gesagt zu sein scheint und in der dennoch alte und neue Fragen immer wieder zur Auseinandersetzung einladen. (6) ——

Anmerkungen

(1) Das Gender-Sternchen (*) dient als Verweis auf den Konstruktionscharakter von Geschlecht. Frauen* bezieht sich auf alle Personen, die sich unter der Bezeichnung Frau definieren, definiert werden und/oder sich sichtbar gemacht sehen.

(2) „Frauen wollen nicht in einem verschmutzten Strom mitschwimmen." Abzug, B., zitiert in: Wichterich, C. (2002): Sichere Lebensgrundlagen statt effizienterer Naturbeherrschung. Das Konzept nachhaltige Entwicklung aus feministischer Sicht. In: Görg, C. / Brand, U. (Hrsg.):

Mythen globalen Umweltmanagements. Rio + 10 und die Sackgassen „nachhaltiger Entwicklung". (S. 72-91). Münster, S. 81.

(3) Hofmeister, S. / Katz, C. / Mölders, T. (Hrsg.) (2013): Geschlechterverhältnisse und Nachhaltigkeit. Die Kategorie Geschlecht in den Nachhaltigkeitswissenschaften. Opladen, Berlin, Toronto.

(4) Busch-Lüty, C. et al. (Hrsg.) (1994): Vorsorgendes Wirtschaften. Frauen auf dem Weg zu einer Ökonomie der Nachhaltigkeit. Sonderheft der politischen ökologie, S. 3.

(5) www.genanet.de/infopool/publikationen

(6) Gottschlich, D. (2017): Kommende Nachhaltigkeit. Nachhaltige Entwicklung aus kritisch-emanzipatorischer Perspektive. Baden-Baden.

(7) Eine ausführliche Liste der verwendeten Literatur verschicken die Autorinnen gern auf Anfrage.

Für GENAU*T: a) Daniela Gottschlich, b) Christine Katz, c) Tanja Mölders;
für das UBA: d) Dorothee Arenhövel, e) Regina Schreiber, f) Jördis Wothge

Das Umweltbundesamt (UBA) widmete sich schon früh auch den sozialen und gesellschaftlichen Dimensionen von Umweltpolitik und stellte Fragen nach Verbindungen zwischen Umweltschutz und Geschlechterverhältnissen.

In der Arbeitsgruppe „Geschlechterverhältnisse, Nachhaltigkeit, Umwelt und Transformation (GENAU*T)" der Fachgesellschaft Geschlechterstudien sind über 50 Wissenschaftler*innen unterschiedlicher Disziplinen vertreten, die die Relevanz von Geschlechterperspektiven für eine nachhaltige Gesellschaftsgestaltung aufzeigen.

Kontakt

AG Geschlechterverhältnisse, Nachhaltigkeit, Umwelt und Transformation (GENAU*T)
E-Mail sprecherinnen-genaut@riseup.net

Umweltbundesamt (UBA)
E-Mail gleichstellung@uba.de

VISION

Spätestens seit dem Erdgipfel in Rio de Janeiro 1992 ist international offiziell Konsens, dass Frauen und Männer unterschiedlich zu den sozialen und ökologischen Krisenphänomenen unserer Zeit beitragen und von ihnen betroffen sind. Daher wird der grundlegende Wandel von Wirtschaft und Gesellschaft nicht ohne Geschlechtergerechtigkeit gelingen. – Was haben 20 Jahre Gender-Mainstreaming (nicht) gebracht? Ökofeminismus oder feministische Ökologie? Warum brauchen wir Schwarze Feminismen für Klimagerechtigkeit?

Feminismus und Ökologie

Es geht ums Ganze, ums Leben

Seit einem halben Jahrhundert wird lebhaft über die Analogie der Ausbeutung und Unterdrückung von Frauen und der Natur diskutiert. Dabei konnten einige rote Fäden entwirrt, andere neu verknüpft werden. Eine Spurensicherung der Genese, Verläufe und Auseinandersetzungen der ökofeministischen Debatte.

Von Christa Wichterich

50 Jahre nachdem feministische Aktivist*innen den Zusammenhang von Ökologie und Feminismus zum Thema gemacht haben, ist er im politischen und wissenschaftlichen Mainstream etabliert. Bei der Klimakonferenz in Ägypten (COP 27) zeigten sich auf der multilateralen Ebene Erfolge der Gleichstellungspolitik im Umweltsektor: Es gab viele Umweltminister*innen und Verhandler*innen und im Programm einen extra Gender-Day. Dessen Fokus lag auf Mainstreaming, Gender Budgeting (vgl. S. 104/109) und Zugang zu Klimafinanzierung. All das in der Hoffnung, dass Frauen im Globalen Süden durch Partizipation an der Kommerzialisierung des Waldschutzes und durch Zertifikate für den Emissionshandel finanziell profitieren können. Der 2019 verabschiedete Gender Aktionsplan für die internationalen Klimaverhandlungen (1) ist bisher in dieser Hinsicht ein leeres Versprechen geblieben. Dagegen sieht das transnationale Frauennetzwerk GenderCC (2) keine nachhaltige Lösung des CO_2-Problems und der Klimakrise durch Marktmechanismen und technische Großprojekte. Es lässt sich nicht um der Geschlechtergleichstellung willen auf

einen als falsch erachteten Lösungspfad ein. Vielmehr fordert es als dringlichste Maßnahme eine Reduktion der Emissionen durch einen Wandel der Produktions- und Konsummuster und durch dezentrale, demokratisch kontrollierte Technologien. Das African Ecofeminist Collective setzt ganz auf einen Paradigmenwechsel. (3) Es verknüpft die Absage an einen markt- und profitgesteuerten Entwicklungsweg mit einer Dekolonisierungsstrategie. Das Netzwerk fordert eine Machtanalyse der Klimakrise und die Wiederaneignung der Gemeinschaftsgüter Land und Wissen, die patriarchale und kapitalistische Kräfte Kleinbäuer*innen und Indigenen seit der Kolonialzeit entzogen und privatisiert haben.

Diese Schlaglichter auf vielfältige, kontroverse Szenarien spiegeln, dass sich eine Diversität von ökologischen Feminismen in einem Spannungsfeld zwischen den Polen der Geschlechtergleichheit und einer ökologischen Transformation entwickelt hat.

Frau und Natur

Am Anfang war die widerständige Praxis von Frauen, die Chipko-Bewegung. 1973 umarmten Frauen in Himalaya-Dörfern Bäume, um sie vor den Äxten von Holzfällern und der Verarbeitung zu Tennisschlägern zu schützen. Die Geste des sorgenden Umarmens wurde zu einem Paradigma für den lokalen Widerstand gegen die Kommerzialisierung lokaler Ressourcen und zum Symbol des Wald- und Erosionsschutzes im Globalen Süden. Die Motivation der Frauen waren Nutzungsrechte an den Gemeinschaftsgütern Boden, Wald und Ressourcen. Denn sie für ihre Subsistenzwirtschaft waren existenziell auf die Bäume angewiesen, während die Männer in den Städten jobbten. Ihr Erfolg: Die indische Regierung erließ ein Fällverbot und die Frauen forderten erstmalig eine Beteiligung an den dörflichen Entscheidungsgremien, die damals noch strikt nach Geschlechterapartheit organisiert waren.

Ebenfalls Anfang der 1970er-Jahre benutzten Francoise d'Eaubonne in Frankreich und Ynestra King in den USA erstmalig den Begriff Ökofeminismus. In Europa und den USA formierten sich ökofeministische, technikkritische Protestbewegungen als Friedens-, Anti-Nuklear- und Anti-Atomkraftbewegung, gegen Genmanipulation und reproduktive Technologien. Die Reaktorkatastrophe von Tschernobyl löste einen Ökofeminismus existenzieller Betroffenheit vor allem bei jungen Müttern in Europa aus. Maria Mies und Vandana Shiva entwickelten daraufhin ein theoretisches Gerüst, das die Unterwerfung und Ausbeutung von Frauen, Natur und Ländern des globalen Südens als Gewaltverhältnisse analysierte und sie über Machtfragen zu Patriarchat, Kapitalismus und (Neo-)Kolonialismus miteinander verknüpfte. Sie sahen das herrschende Entwicklungsmodell ebenso wie die westlichen Wissenschaften und Technologien in der Kontinuität dieser Herrschaftslogik. Dabei stand für sie als Ziel die Subsistenzperspektive im Vordergrund, nicht das liberale Ziel von Geschlechtergleichstellung.

Neben diesem Ansatz kristallierten sich verschiedene Strömungen von Ökofeminismen heraus, mit liberalem, kulturellem oder sozialistischem Schwerpunkt. Gemeinsam war ihnen das Narrativ, dass Frauen besonders naturverbunden sind, weil sie zum einen, wie die Natur, Leben produzieren und zum anderen, die Unterordnung von Frauen und Natur strukturgleich nach patriarchalen Prinzipien erfolgte. Deshalb galten Frauen als Kollektivsubjekt besonders prädestiniert zur Wahrung und Rettung von Umwelt und Natur, wodurch sie sich wiederum von ihrer Opferrolle emanzipieren können. Diese Analogiebildung von Frau und Natur und die Unterstellung einer generellen Naturnähe und Technikferne von Frauen legten die Grundlagen für die Politikfelder Ökologie und Feminismus und bewirkten eine ökofeministische Konjunktur in den 1980er- und 1990er-Jahren.

Eine Frage der Macht über Ressourcen

Sie stießen jedoch auch umgehend auf Gegenrede. So kritisierte die indische Ökonomin Bina Agarwal, dass die ökofeministischen Theoreme generalisierend, ahistorisch und essenzialistisch seien, blind gegenüber Klassen, Kasten und Ethnien, und dass sie eher stereotypisierend als befreiend wirken. Sie argumentierte, dass die Naturbezüge von Frauen historisch variieren, intersektional bestimmt und die gesellschaftliche Arbeitsteilung und Ressourcenkontrolle ausschlaggebend sind.

Auf diesem Hintergrund entwickelten Feministinnen, meist soziale Geographinnen, mit kritischer Distanz zum Ökofeminismus eine feministische politische Ökologie, die eng verwoben ist mit einer Analyse ökonomischer Machtstrukturen und explizit kontextbezogen, intersektional und nicht essenzialistisch ausgerichtet ist. Die Machtfrage wird hier primär als Frage des Zugangs von Frauen zu und der Kontrolle über Ressourcen, Entscheidungen und Technologie gestellt. Forschungen kreisen um kontextualisiertes Wissen und Wissensproduktion, um vergeschlechtlichte Rechte und Verantwortlichkeiten und um die Handlungsmacht und sozialen Kämpfe von Frauen. Allerdings blieb die feministische politische Ökologie im Unterschied zu den Ökofeminismen ein analytisches Forschungskonzept und ist keine soziale Bewegung.

Auch die sogenannte Queer-Ökologie konterkariert die Naturalisierung von Geschlecht und die binäre Konstruktion von Körpern und Sexualität. Sie hinterfragt die aus der Gebärfähigkeit abgeleitete Fürsorgeverantwortung von Frauen für die Umwelt – „Earthcare" (Carolyn Merchant) – sowie die heteronormative Arbeitsteilung und weiblich konnotierte Mutterschaft.

Politikgestaltung und Mainstreaming

Auf dem Hintergrund der ökofeministischen Proteste der 1980er-Jahre und der mit dem GAU von Tschernobyl offensichtlich gewordenen Verflechtungen zwischen dem Globalen und Lokalen entschlossen sich umweltbewusste Feministinnen, bei der Aushandlung von Regelsystemen bei den Vereinten Nationen (Untited Nations, UN) zu intervenieren. Um politisch handlungsfähig und eingriffsmächtig zu sein, konstruierten sie eine Wir-Frauen-Identität als eine zielgerichtete strategische »Verschwisterung« und erarbeiteten ein eigenes Positionspapier für den Weg ins 21. Jahrhundert, die „Women's Action Agenda 21". (4) Sie verbindet das Ziel des Frauenempowerments mit dem eines Systemwandels. Ausgehend von einer Kritik am bisherigen Fortschrittsmodell des »freien Marktes« und am Wirtschaftswachstum plädiert sie für eine neue Ethik des Wirtschaftens und des Naturbezugs, für biologische und kulturelle Vielfalt, für Demilitarisierung, für Gerechtigkeit zwischen Süden und Norden sowie für ein Empowerment von Frauen durch demokratische, reproduktive und Ressourcenrechte.

Die strategische Verschwisterung mit dem Anspruch einer globalen Lobby für Frauen („Global Women's Lobby") führte 1992 bei der UN-Konferenz zu Umwelt und Entwicklung in Rio de Janeiro dazu, dass Frauen als eine zentrale Akteur*innengruppe im breiten Handlungs- und Politikfeld von Ökologie und Entwicklung anerkannt wurden. In diesem UN-Partizipationsprozess wurden jedoch die transformatorischen feministischen Konzepte marginalisiert und das Ziel, Geschlechterperspektiven zu mainstreamen, trat in den Vordergrund. Das Ziel der Mitgestaltung von multilateraler Politik setzt unter anderem das Netzwerk „Women Engage for a Common Future" (WECF) bis heute durch Gender-Mainstreaming in alle Umweltsektoren und in die Ziele für nachhaltige Entwicklung (Sustainable Development Goals, SDGs) fort.

Auf internationaler wie auf nationaler Ebene hatten in diesem Kontext geschlechtersensible Nachhaltigkeitskonzepte Konjunktur. Im Rahmen sozialer Ungleichheitskritik sondieren sie geschlechterspezifische Vulnerabilitäten und verfolgen das Ziel, eine Geschlechterperspektive in alle Sektoren von der Ernährung bis zur Wasser- und Energieversorgung, von der Mobilität bis zu Konsummustern einzubringen. Dieses sogenannte Engendern von Umweltpolitik soll den Gegensatz zwischen sozialen Bewegungen und institutioneller Politik überwinden. Gleichzeitig kritisieren sie die maskuline Kultur umweltpolitischer Entscheidungen bei gleichzeitiger „Feminisierung der Umweltverantwortung" (vgl. S. 54 ff.).

Neue Dynamik hat der umweltbezogene Gender-Mainstreaming-Ansatz seit 2008 durch Politiken zur Ökologisierung der Ökonomie bekommen. Green-New-Deal- und Green-Growth-Konzepte machen sich für grünes Wirtschaftswachstum stark und basieren wesentlich auf einer weiteren Ökonomisierung der Natur und Bepreisung von Ökodienstleistungen, auf Biotechnologien und Finanzialisierung des Natur- und Klimaschutzes. Gender-Audits von Klimafinanzmechanismen und Gender Budgeting zielen auf Integration von Frauen in diese Programme. In einer Wiederauflage der Kontroverse um Geschlechtergleichheit versus Systemwandel zielen feministische Green New Deals dagegen auch ab auf einen Paradigmenwechsel in der Wirtschaft und ein weniger herrschaftliches gesellschaftliches Naturverhältnis (vgl. S. 91 ff.), das den Menschen als abhängig von der Natur sieht und auf Reziprozität setzt statt auf technologische und marktförmige Lösungen wie die Green New Deals der EU und der UN. (5)

Sozial-ökologische Transformation

Aus einer transformatorischen, postkolonialen und einer queeren Perspektive wird auch das fünfte Ziel der SDGs kritisiert. SDG 5 setzt im Rahmen einer binären Ordnung von Mann – Frau und Produktion – Reproduktion primär auf ein Frauenempowerment in den kapitalistischen Märkten und in männlich konnotierten Sektoren. Die Kritiker*innen sehen als Ziel nicht die Partizipation an den bestehenden Herrschaftssystemen, sondern deren Transformation.

Die südafrikanische Organisation Womin (6), die zum African Ecofeminist Collective gehört, besteht auf ihrem „Recht, Nein zu sagen" zum Landgrabbing und Ressourcenextraktivismus durch Konzerne, die ihre Lebensgrundlagen zerstören. Sie sieht Agroökologie und Ernährungssouveränität als Instrumente für Frauen, Macht wiederzugewinnen. Immer wieder ist die Perspektive von unten typisch für feministische Gegenentwürfe, von den lokalen Lebensbedingungen – sustainable livelihoods – her mit einer Logik des Überlebens und des Sichsorgens.

„ Feministische Green New Deals zielen auch auf einen Paradigmenwechsel in der Wirtschaft ab. "

Die Entwicklungsstrategie der Ernährungssouveränität, die das Herzstück des Netzwerks La Via Campesina (7) ist, haben Kleinbäuer*innen in Lateinamerika in einem „bäuerlichen populären Feminismus" mit der Abwehr von Gewalt durch Land Grabbing, Vertreibung, Geoengineering und Großtechnologien, aber auch mit der Gewalt durch ihre Männer verknüpft. Kämpfe gegen Männergewalt und gegen Femizide stehen seit Jahren im Zentrum des lateinamerikanischen Feminismus. Die Philosophin Rita Segado betrachtet Frauenkörper als das Territorium, das wie das indigene Land gewaltsam unterworfen wird. Auch hier wird der Widerstand gegen Ressourcenausbeutung durch Entwicklungsprojekte und Konzerne als Dekolonisierungskampf verstanden, der notwendig ist mit der Perspektive auf Gutes Leben („Buen vivir") und eine Kosmovision der Konvivialität von Mensch und Natur. Während im Globalen Süden sichere Lebensgrundlagen im Zentrum standen, war ein Referenzpunkt für diese feministische Position im Globalen Norden die De-Growth-Bewegung (vgl. S. 80 ff.). Sie macht die Grenzen des ökonomischen Wachstums an der Endlichkeit von natürlichen und menschlichen Ressourcen und der destruktiven Wirkung des Naturverbrauchs fest. Sie will Gemeinschaftsgüter und alles Lebendige der kapitalistischen Logik von Effizienz, Konkurrenz und Profit-machen entziehen und einer Ethik des Sorgens und der Reziprozität unterwerfen. Die Dringlichkeit, die Klimabewegungen wie Fridays for Future oder Die letzte Gene-ration artikulieren, zeigt, dass die existentielle Bedeutung der Ökologie für das Über-leben nun voll im Norden angekommen ist. Es geht ums Ganze, ums Leben.Genau das war die Botschaft der Pionierinnen in der Chipko- und den Anfängen ökofemi-nistischer Bewegungen. Und genau das begründet auch das aktuelle Revival des Ökofeminismus. Gleichzeitig wird das Etikett ökofeministisch inzwischen als Sammel-begriff auf alle Aktivitäten und Konzepte geklebt, die sich auf Ökologie und Feminis-mus beziehen. Das sind Signale, dass die Suchbewegungen zu einem ökologischen Feminismus oder einer feministischen Ökologie noch voll im Gange sind. _____

Anmerkungen
(1) https://unfccc.int/topics/gender/workstreams/the-gender-action-plan
(2) www.gendercc.net/home.html
(3) https://africanarguments.org/2019/03/why-world-needs-african-ecofeminist-future/
(4) Women's Action Agenda 21. In: WEDO (1992): World Women's Congress for a Healthy Planet, New York, S. 16-24.
(5) https://genderandsecurity.org/feminist-approaches-gnds; https://feministgreennewdeal.com/principles/
(6) https://womin.africa/dreaming-and-imagining-ecofeminist-futures/
(7) https://viacampesina.org/en/

Was gendern Sie am liebsten?
Sorgearbeit im Alltag

politik in Kassel und Wien und zuvor als Do-zentin an verschiedenen Universitäten tätig, u. a. in Indien und im Iran. Ehrenamtlich en-gagiert sie sich bei Women in Development Europe (WIDE+) und im wiss. Beirat der Rosa-Luxemburg-Stiftung.

Zur Autorin
Christa Wichterich, feministische Soziologin mit den Schwerpunkten Gender und Entwick-lung, war als Gastprofessorin für Geschlechter-

Kontakt
Dr. Christa Wichterich
E-Mail wichterich@femme-global.de

---

20 Jahre Gender-Mainstreaming

Noch ordentlich Luft nach oben

Um die unterschiedlichen Lebenssituationen und Bedürfnisse von Menschen aller Geschlechter bei allen politischen Entscheidungen angemessen zu berücksichtigen, wurde in Deutschland 2002 der strategische Ansatz des Gender-Mainstreaming eingeführt. Wie steht es heute um die Gleichstellung der Geschlechter? Drei Standpunkte.

Ulrike Röhr ist Bauingenieurin und Soziologin. Seit über 40 Jahren befasst sie sich als Wissenschaftlerin und Beraterin mit geschlechtergerechter Umwelt-, Energie- und Klimapolitik. Sie ist Mitglied in der Sachverständigenkommission zum 4. Gleichstellungsbericht der Bundesregierung zu Ökologischer Transformation sowie im Fachausschuss Klima des Deutschen Frauenrates.

Dirk Messner ist Politikwissenschaftler und seit 2020 Präsident des Umweltbundesamtes. Zuvor war er Direktor des Institute for Environment and Human Security an der Universität der Vereinten Nationen in Bonn und Ko-Vorsitzender des Wissenschaftlichen Beirats Globale Umweltveränderungen (WBGU) der Bundesregierung.

Adelheid Biesecker ist emeritierte Professorin für Ökonomische Theorie. Sie gehörte der Enquete-Kommission „Zukunft des bürgerschaftlichen Engagements" des Deutschen Bundestages an. Sie ist Mitglied im Netzwerk „Vorsorgendes Wirtschaften" sowie in der Vereinigung für Ökologische Ökonomie und gehört dem Wissenschaftlichen Beirat von attac Deutschland an.

Welche Bedeutung haben Geschlechterperspektiven in den Debatten um die sozial-ökologische Transformation?

Ulrike Röhr (UR): Gesellschaftliche Transformationen wurden historisch und werden auch aktuell häufig von emanzipatorischen Bewegungen, allen voran der Frauen- und Genderbewegung, angestoßen. Dabei zeigt sich deren Potenzial, auch für die sozial-ökologische Transformation die nötigen Impulse zu geben und gleichermaßen als Türöffner für weitere Diskriminierungsachsen, wie LGBTIQ+ oder People of Colour (PoC), zu fungieren. (1)

Eine sozial-ökologische Transformation kann nur gelingen, wenn mit ihr auch Gerechtigkeit hergestellt wird. Das gilt für alle Ebenen und Bereiche, aber vor allem für die Geschlechtergerechtigkeit, weil sich in den Geschlechterverhältnissen besonders deutlich die Ungleichheiten und Machtverhältnisse zeigen. Die Grundlagen der Ungleichheiten zu beseitigen und Machtverhältnisse neu zu gestalten, ist daher unabdingbar für Geschlechtergerechtigkeit und ebenso für eine erfolgreiche Transformation.

Dirk Messner (DM): Geschlechterperspektiven haben eine Schlüsselfunktion für sozial-ökologische Transformationsprozesse. Sie helfen, soziale Ungerechtigkeiten sowie ungleiche Macht- und Herrschaftsverhältnisse aufzudecken, die es global wie lokal zu überwinden gilt, wenn wir eine nachhaltige Entwicklung der Gesellschaft erreichen wollen.

Einige Beispiele: spezifische Konsum- und Mobilitätsmuster von Männern und Frauen zu berücksichtigen, ist wichtig, wenn über nachhaltige Konsum- oder Mobilitätsstrategien gesprochen wird. Wer über nachhaltige Landwirtschaft in afrikanischen Ländern nachdenkt, sollte berücksichtigen, dass Bäuerinnen das Rückgrat der Nahrungsmittelproduktion der Region darstellen. Klimawandelfolgen sollten nicht nur für unterschiedliche Ländertypen und Einkommensgruppen, sondern auch aus Genderperspektiven untersucht werden. Leider werden diese Perspektiven oft nachrangig behandelt. Da müssen wir besser werden.

Adelheid Biesecker (AB): Für mich sind Geschlechterperspektiven unverzichtbar. Denn das Problem der Nicht-Nachhaltigkeit unserer Gesellschaft und ihrer kapi-

🟨 Nach wie vor gibt es wenig praktische Ansätze für eine geschlechtergerechte, transformative Umwelt- und Klimapolitik. 🟨

Ulrike Röhr

talistischen Ökonomie wird durch eine Externalisierungsstruktur verursacht, die den größten Teil der – sozial vor allem Frauen zugewiesenen – gesellschaftlichen Arbeit und die Natur aus dem Ökonomischen als un- oder bestenfalls reproduktiv ausgrenzt und abwertet.

Diese lebendigen Grundlagen des Wirtschaftens werden jedoch alltäglich gebraucht und maßlos und sorglos ausgebeutet. Die vielfältigen Krisen unserer Zeit sind daher im Kern Krisen dieses »Reproduktiven«. Um das zu erkennen und gesellschaftlich umzugestalten, ist ein Perspektivenwechsel nötig: Blicken wir nicht vom Markt auf dieses Abgespaltene als scheinbar frei verfügbare Ressourcen, sondern von diesem aus auf den Markt, so kommt das Ganze der Ökonomie in den Blick und es kann über Transformationsstrategien nachgedacht werden, die diese Externalisierungsstruktur überwinden. Die feministische Forschung nimmt diesen Perspektivenwechsel vor.

Welche Entwicklungen finden Sie im Rückblick auf die vergangenen 25 Jahre Nachhaltigkeitspolitik besorgniserregend, welche stimmen Sie eher hoffnungsfroh?

UR: Besorgniserregend finde ich, dass mit jeder neuen Regierung, in jeder neuen Legislaturperiode wieder von vorn angefangen werden muss. Das zeigt sich besonders in der Klimapolitik, bei der ohne eine grundlegende Transformation das Ziel einer Dekarbonisierung nicht zu erreichen sein wird. Fortschritte in Richtung einer gendergerechten Klimapolitik sind aber immer noch und immer wieder an einzelne Personen gebunden. Eine strukturelle, verbindliche Verankerung fehlt heute wie auch vor 25 Jahren fast völlig – trotz aller Vorgaben, wie der bereits im Jahr 2000 erfolgten Verankerung des Gender-Mainstreaming in der gemeinsamen Geschäftsordnung der Ministerien. Das gilt leider nicht nur für die Politik, sondern ebenso für die klimapolitische Transformationsforschung, die weitgehend ohne Geschlechteraspekte stattfindet. Aktuell zeigt sich in den Ansätzen zu feministischen Politiken – feministische Außen-, Entwicklungs- und Umweltpolitik – ein wachsendes Interesse, wenn auch bisher noch ohne sichtbare und messbare Ergebnisse. Deshalb bleibt abzuwarten, ob die schon fast inflationäre Nutzung des Begriffs feministisch wirklich zu der so dringend nötigen Transformation im Politikverständnis führt. Offen ist auch, ob es gelingt, die feministische Politik in einer Legislaturperiode so zu verankern, dass sie in der nächsten nicht wieder sang- und klanglos verschwindet. Hoffnungsvoll stimmt mich, dass sich die Umweltverbände zunehmend mit Genderaspekten bei ihren Analysen, Forderungen und Empfehlungen befassen, vor allem in der Energie- oder Klimapolitik. Die Umsetzung lässt aber auch hier noch zu wünschen übrig – oft handelt es sich (erstmal) nur um Lippenbekenntnisse, die sich (noch) nicht konsequent in den politischen Forderungen und den Verbandsstrukturen widerspiegeln. Trotzdem ist dies ein wichtiger Schritt für transformatorische Ansätze. Hilfreich wäre hier sicher die stärkere Einbeziehung von (externer) Genderexpertise.

DM: Wir haben in den vergangenen Dekaden Technologien, Instrumente und Lösungspfade entwickelt, um die ökologischen Krisen zu bekämpfen. Erneuerbare Energien etwa sind heute an fast jedem Ort der Welt günstige Alternativen zu den fossilen Energiesystemen. In Europa gibt es einen großen Konsens für Klima- und Umweltschutz, trotz Pandemie und der Russlandaggression. Doch um die Klima- und Erdsystemkrise einzudämmen, müssen wir viel schneller werden: Um den Faktor 3 müssten wir in Europa zulegen, um unsere eigenen Ziele zu erreichen. In der Energiepolitik – das merken wir aufgrund der Russlandaggression besonders schmerzhaft – wurden Chancen vertan. Die Politik war nicht mutig genug, Unternehmen haben zu lange an Altbewährtem festgehalten, Wählerinnen und Wähler haben keine klaren Signale für die Nachhaltigkeitstransformation gegeben.
Gerade beim Thema Energie zeigt sich auch die Wichtigkeit der Integration von Geschlechterperspektiven in Transformationspolitik. Energiearmut ist oft weiblich.

„ Wirksame, soziale und gerechte Lösungen für Umweltprobleme lassen sich nur finden, sofern Genderperspektiven berücksichtigt wurden. "

Dirk Messner

Aus diesem Grund ist es ein wichtiger Meilenstein, dass das Umweltministerium 2020 erstmals eine Genderstrategie erarbeitet hat. Ich finde es ermutigend, dass die Umwelt-, die Außen- und die Entwicklungsministerinnen explizit gender-bezogene, feministische Perspektiven auf ihre Politikfelder entwickeln.

AB: Aus Genderperspektive geht es um eine andere Ökonomie – um die Bedürfnisbefriedigung der heute Lebenden derart, dass die lebendigen Grundlagen schützend genutzt werden. „Erhalten im Gestalten" lautet die Rationalität dieser neuen Ökonomie. Es ist eine Wirtschaftsweise, die auch die zukünftigen Generationen einbezieht – vorsorgendes Wirtschaften. In der Nachhaltigkeitspolitik sehe ich jedoch kaum Schritte in diese Richtung. Eher folgt die Politik dem Konzept des grünen Kapitalismus: Alles kann so weitergehen, nur eben grün aufpoliert, vor allem durch grüne Technologien. Die Maximierungsrationalität, die die Krisen verursacht, soll helfen, die Schäden zu beseitigen – ein unmögliches Unterfangen.

Hinzu kommt das Festhalten an einem herrschaftlichen, rein quantitativen Naturverständnis, das Natur nur als eine Lieferantin von Ressourcen ansieht, die der Expansion der Wirtschaft Grenzen setzt. Aus einer Genderperspektive bedeutet Natur jedoch nicht Knappheit, sondern einen Reichtum, den es maßvoll zu nutzen gilt, damit seine produktive Kraft für zukünftige Generationen erhalten bleibt. Das Maß wird von beiden Seiten der Mensch-Natur-Beziehung bestimmt: Es geht um eine vielfache Kooperationsbeziehung in quantitativer, qualitativer, zeitlicher und räumlicher Hinsicht.

Hoffnung machen die vielen privaten Initiativen, die angefangen haben, gemeinsam nachhaltig zu wirtschaften: etwa die ökologische und die gemeinschaftsgestützte

Landwirtschaft, die Commons-Bewegung, Bioenergiedörfer, Neulandgewinner*innen in Ostdeutschland – und viele mehr. Es bleibt zu hoffen, dass die Politik das notwendige institutionelle Fundament dafür schafft, dass diese individuellen Initiativen in eine erfolgreiche sozial-ökologische Transformation der Gesellschaft münden.

Was bleibt mit Blick auf Geschlechtergerechtigkeit weiterhin umkämpft in der sozial-ökologischen Transformationsdebatte?

UR: Nach wie vor gibt es wenig praktische Ansätze für eine geschlechtergerechte, transformative Umwelt- und Klimapolitik. Wir haben allenfalls theoretische Debatten und Konzepte, die Genderperspektiven einbeziehen. Dieser Mangel basiert auch auf der immer noch verbreiteten, aber irreführenden Auffassung, dass soziale Aspekte automatisch Genderaspekte mit abdecken würden. Die Erfahrung zeigt indes genau umgekehrt, dass wenn die Genderaspekte in den Mittelpunkt gestellt werden, automatisch auch die sozialen Aspekte in ihrer gesamten Breite aufgedeckt werden. Dazu bedarf es allerdings einer intersektionalen Perspektive, also der konsequenten Betrachtung der Wirkungen von Mehrfachdiskriminierungen aufgrund von Geschlecht, sozioökonomischer Situation, Herkunft, Kultur und weiteren Diskriminierungsachsen.

Auch die Sorgearbeit um sowie für Mensch und Umwelt (Care-Arbeit) bleibt bei der Reduktion auf soziale Aspekte unberücksichtigt. Dabei ist sie der Dreh- und Angelpunkt einer sozialökologischen, geschlechtergerechten Transformation.

DM: Hier können wir vor der eigenen Haustür anfangen: Eine Studie zeigt, dass es im Umweltbundesamt nicht an Wissen und Instrumenten zur Integration von Genderaspekten in die Forschungs- und Verbändeförderung mangelt, sondern an einer beherzten Umsetzung bestehender Regelungen. (2)

Es fehlt also an Anerkennung der Relevanz des Themas. Dabei ist es nicht möglich, politische Mammutaufgaben wie die Energie-, die Mobilitäts-, die Ernährungswende sozial und ökologisch gerecht zu realisieren, ohne die spezifischen Auswirkungen auf die verschiedenen Bevölkerungsgruppen auch genderspezifisch zu betrachten. Gute Entscheidungen und Maßnahmen für alle lassen sich nur dann treffen, wenn auch alle Perspektiven in den Prozess einfließen können.

„ Aus Genderperspektive geht es um eine andere Ökonomie. „Erhalten im Gestalten" lautet die Rationalität dieser neuen Ökonomie. "

Adelheid Biesecker

AB: Umkämpft bleibt das Thema Arbeit. Teilweise gibt es eine Strategie, es bewusst nicht zu beachten. So findet sich beispielsweise im Hauptgutachten des Wissenschaftlichen Beirats der Bundesregierung Globale Umweltveränderungen (WBGU) von 2011 zur Großen Transformation kein einziger Gedanke zur Transformation von Arbeit. Dabei gibt es seit 25 Jahren eine umfassende feministische Debatte zum „Ganzen der Arbeit", zu einer notwendigen Neufassung des Arbeitsbegriffs. Aber auch hier gibt es Streit. So lautet eine These, die Sorgearbeit sei weniger produktiv als die Erwerbsarbeit und daher schlecht bezahlt. Das stimmt aber nur, wenn man den auf die Warenproduktion bezogenen Produktivitätsbegriff verwendet, der auf Wachstum ausgerichtet ist. Sorgearbeit ist jedoch dann produktiv, wenn sie das Leben der Umsorgten verbessert. Es geht somit auch hier um einen anderen Produktivitätsbegriff.

Die Abwertung der Sorgearbeit hat geschlechtsspezifische Ursachen. Grund ist die Externalisierung, die Nichtanerkennung des größten Teils der sozial weiblichen Sorgearbeit als Arbeit. In der Coronakrise schien sich ein Fenster für eine Aufwertung der Sorgearbeit, für ihre Anerkennung als die notwendigste Arbeit überhaupt, zu öffnen. Aber es schlug schnell wieder zu und nichts geschah.

Was sind Ihre Visionen für die kommenden 25 Jahre mit Blick auf die geschlechtergerechte Gestaltung der sozial-ökologischen Transformation?

UR: Meine Hoffnung ist, dass wir in 25 Jahren nicht mehr über eine geschlechtergerechte sozial-ökologische Transformation reden müssen, weil sie bereits Realität ist. Dass dann die Überprüfung politischer Initiativen auf Geschlechtergerechtigkeit längst ebenso selbstverständlich geworden ist, wie deren Überprüfung auf

Wirtschaftlichkeit oder Umweltauswirkungen. Und dass wir uns damit ernsthaft auf den Weg zu einer kohlenstofffreien, resilienten, gerechten, sorgenden und solidarischen Gesellschaft begeben haben. Aber auch, dass wir diese Transformation nicht auf Kosten anderer Länder erreichen und dass Abhängigkeiten von patriarchalen und autokratischen Systemen abgebaut wurden.

DM: Für die Zukunft der Klima-, Umwelt- und Nachhaltigkeitspolitik wünsche ich mir, dass Genderaspekte bei der Gestaltung der multiplen sozial-ökologischen Transformationsprozesse ganz selbstverständlich und als Schlüsselkategorie berücksichtigt werden. Die Integration von Genderperspektiven ist kein »nice to have« mehr, sondern längst »state of the art«. Wirksame, soziale und gerechte Lösungen für Umweltprobleme lassen sich nur finden, sofern Genderperspektiven berücksichtigt wurden. Folglich sollte Geschlechtergerechtigkeit künftig als zentrale Dimension in alle politischen Planungen und Konzepte einfließen.

Das Umweltbundesamt kann und will dafür einen wesentlichen Beitrag leisten, indem es beispielsweise die Forschung zu sozialen, insbesondere genderspezifischen Aspekten von Umwelt- und Nachhaltigkeitspolitik deutlich ausbaut. Zudem werden wir uns für eine systematische Einführung von sogenannten Gender Impact Assessments in Umweltpolitiken und -gesetzen einsetzen. (3) So stellen wir in Zukunft sicher, dass nicht intendierte Nebenfolgen, wie etwa sozial ungerechte Wirkungen auf die Geschlechter durch Energie- oder Mobilitätsreformen, erkannt und vermieden werden.

AB: Die sozial-ökologische Transformation hebt die Fixierung auf die Erwerbsarbeit auf. Arbeit wird vielfältig und gleichwertig. Die geschlechtsspezifische Trennungsstruktur wird abgeschafft, denn Externalisierung wird nicht mehr gebraucht. Die neue Ökonomie ist lokal und regional verankert, am guten Leben für alle orientiert, vorsorgend im Umgang mit den lebendigen Grundlagen des Wirtschaftens. Es herrscht das Prinzip der Kooperation statt der Konkurrenz. ____▬

Anmerkungen

(1) Die aus dem Englischen stammende Abkürzung LGBTIQ+ steht für die englischen Worte: lesbian (lesbisch), gay (schwul), bisexual (bisexuell), transgender/transsexual, (transgender/transsexuell) queer/questioning (quer/fragend), intersex (intersexuell), asexuell. Das + (manchmal auch *) dient als Platzhalter für weitere Geschlechtsidentitäten.

(2) www.umweltbundesamt.de/publikationen/chance-chancengleichheitsmonitoring-der-uba

(3) „Ein Gender Impact Assessment (GIA) ist ein Analyse- und Bewertungsinstrument, mit dem ein ausgewähltes Vorhaben (z. B. ein Projekt, ein Programm, eine Strategie oder ein Gesetz) hinsichtlich seiner gleichstellungsrelevanten Wirkungen überprüft wird. Eine solche gleichstellungsorientierte Folgenabschätzung kann für unterschiedliche Politikfelder auf Ebene der Ministerien sowie der nachgeordneten Behörden angewendet werden. Sie zielt auf die Erarbeitung von Empfehlungen für politische Entscheidungen, hat meist verbindlichen Charakter, wird auf eine bestimmte Intervention angewandt und zeichnet sich durch eine strukturierte Anwendung von Verfahren und Methoden aus." Vgl. www.genanet.de/instrumente/gender-impact-assessment

---

Was gendern Sie am liebsten?

Ulrike Röhr: Die Spatzenhirne der ewig Gestrigen

Dirk Messner: Gendern hilft, anzuerkennen, dass die Menschheit aus mehreren Geschlechtern besteht. Stellen wir uns der Wirklichkeit!

Adelheid Biesecker: „Willkommen, Frau Professor." „Danke, Herr Professorin."

Kontakt

Ulrike Röhr
Genanet, Leitstelle Gender, Umwelt
Nachhaltigkeit
E-Mail roehr@genanet.de

Prof. Dr. Dirk Messner
Umweltbundesamt (UBA)
E-Mail dirk.messner@uba.de

Prof. Dr. Adelheid Biesecker
E-Mail abiesecker@t-online.de

Schwarze Feminismen und Klimakrise

Leitfaden für die Transformation

Mehrfach diskriminierte Menschen werden in der Klimadebatte meist nicht gehört. Denn die Klimabewegung kämpft für Klimaschutz, aber nicht unbedingt für Klimagerechtigkeit. Das ist ein Fehler, denn ohne das Wissen der Marginalisierten, wird der herbeigesehnte Wandel nicht kommen.

Von Sheena Anderson

▬▬▬Die Klimakrise – dieses Wort begleitet seit einigen Jahren unseren Alltag. Dieses Wort, das in Politik und Medien, am Weihnachtstisch beim Familienstreit zwischen Gans und veganem Pudding, bei Klimastreiks und an der U-Bahn-Haltestelle irgendwie immer präsent zu sein scheint. Oder es zumindest sein könnte. Die meisten wissen, dass wir ihr nicht entkommen, dass sie nichts Gutes bedeutet, dass sie uns alle betrifft und eigentlich alle was dagegen tun müssen. Die einen fliegen weniger, die anderen sparen Plastik, wieder andere ernähren sich vegan, alles lobenswerte individuelle Entscheidungen – die aber genau das sind: individuelle Entscheidungen, die es nicht vermögen, das kapitalistische, rassistische und zutiefst ungerechte System, das die Klimakrise überhaupt erst ermöglicht, langfristig zu bekämpfen und abzuschaffen.

Doch welche Gruppe kann es sich leisten, weniger zu fliegen (weil sie schon überall war) oder sich vegan und bio zu ernähren (bei 5,99 € pro Fleischersatzprodukt)? Ich habe da ein Bild vor Augen: weiß, elitär, akademisch. Natürlich ist dem nicht gänzlich so und die Darstellung ist übertrieben – dennoch prägt sie das Bild von einer Klimabewegung, die eben einen Kampf gegen die Klimakrise führt, aber nicht unbedingt für Klimagerechtigkeit. Es ist ein Bild von jungen weißen Menschen, gebildet, interessiert, sie gehen freitags auf die Straße und interessieren sich für das Klima. Doch führt dieses unvollständige Bild am Ende nicht dazu, dass wir bestimmte Menschen und damit auch bestimmte Perspektiven überhaupt nicht sehen, nicht wahrnehmen, nicht berücksichtigen? Und eigentlich meine ich hier nicht „wir", sondern eben diese Gruppe: weiß, elitär, akademisch, klimabewusst. Am Ende schränkt uns das immens ein und nimmt uns realistische Lösungsmöglichkeiten, weil diese gar nicht erst gehört werden. Es führt zu Kurzsichtigkeit in einer Krise, die schon so lange dauert und bereits so lang anhaltende und – wichtig – irreparable Folgen hat.

Mein Bild vom Kampf gegen die Klimakrise sieht anders aus. Es sind die vielen Menschen, die am meisten von der Krise betroffen sind, bereits im Hier und Jetzt leiden und sogar sterben, obwohl sie am wenigsten zur Klimakrise beigetragen haben: Schwarze, Indigene und Menschen of Color, Menschen im sogenannten Globalen Süden, Kinder, Frauen, Menschen mit Behinderung. Und doch sind sie es, die den Kampf gegen die Klimakrise anführen und tagtäglich für eine bessere Welt für uns alle kämpfen. Sie verknüpfen diesen Kampf oft mit dem um Rechte, um Anerkennung, um Land, um Reparationen, gegen Rassismus und Ausgrenzung. Kämpfe, bei denen es um so viel mehr geht. Viele mehrfach marginalisierte Menschen, also Menschen, die unter mehreren Unterdrückungsmechanismen leiden (z. B. Schwarze Frauen: Patriarchat und Rassismus), führen diese Kämpfe nicht, weil sie sich besonders viel aufhalsen wollen – sondern weil niemand anderes diese Kämpfe für uns führt. Aber zurück zum Klima.

Mehrfachdiskriminierungen anerkennen und gemeinsam bekämpfen

Politiker*innen werden nicht müde, bei etlichen Klimakonferenzen und Treffen zu betonen, dass genau jetzt der entscheidende Zeitpunkt sei, etwas zu verändern, etwas anders zu machen, um die Klimakrise effektiv und nachhaltig anzugehen. Ich glaube, wir haben diesen Punkt längst verpasst, dennoch habe ich Hoffnung. Sie beruht auf dem Wissen, auf den Kämpfen, auf dem Leben Schwarzer Feminist*innen. Als Menschheit muss uns bewusst werden, dass sich die Systeme, wie wir sie

> **Ohne die Verknüpfung mehrerer Unterdrückungsmechanismen und deren Abschaffung gemeinsam und zeitgleich zu bekämpfen, läuft Klimaaktivismus Gefahr, ein Greenwashing weißer Vorherrschaft zu sein.**

kennen, ändern müssen. Nicht nur das. Wir müssen völlig neue Systeme erfinden und wagen, Ungerechtigkeiten an ihrer Ursache anzugehen. Ein bisschen nachhaltiger und grüner, aber ansonsten weiter so – das wird nicht funktionieren. Schwarze Feminismen können uns dabei lehren, wie Transformation aussehen kann, wie wir aufeinander, auf die Umwelt und das Klima Acht geben, und wie wir Klimagerechtigkeit erreichen.

Ohne die Stimmen von Schwarzen, Indigenen, Menschen of Color, aber auch queerer und behinderter Aktivist*innen zu hören, ohne die Verknüpfung mehrerer Unterdrückungsmechanismen gemeinsam und zeitgleich zu bekämpfen, läuft Klimaaktivismus Gefahr, ein Greenwashing weißer Vorherrschaft (white supremacy) zu sein. (1) Emily Atkin fasst das so zusammen: „das Ziel [heißt] Systemwandel, Klimagerechtigkeit kann als eine der Strategien verstanden werden und intersektionaler Feminismus liefert die Perspektive zur Umsetzung. Schwarze Frauen, ihre Erfahrungen, Kämpfe und ihr Wissen sind dabei unerlässlich – denn ohne Schwarze Frauen, ohne Schwarze Feminismen fehlt Intersektionalität die Basis." (2) Eine Möglichkeit, dies zu vermeiden, ist, von den Erfahrungen, den Kämpfen und dem Wissen Schwarzer Feminismen zu lernen. Durch die Entstehungsgeschichte und die Ursprünge intersektionaler Theorie sowie die Erkenntnis, welche Rolle Intersektionalität für die Klimakrise bedeutet, sind intersektional-feministische Ansätze, basierend auf dem Wissen Schwarzer Feminist*innen, geradezu prädestiniert, um zur Lösung der Klimakrise beizutragen.

Das in Berlin ansässige Center for Intersectional Justice (CIJ) definiert Intersektionalität so: „Intersektionalität betrachtet die Wechselbeziehung verschiedener sozialer Kategorien wie Geschlecht, Klasse, Rasse, sexuelle Orientierung, Geschlechtsidentität, Fähigkeit, Religion und andere Identitätsachsen auf mehreren und gleichzeitig wirksamen Ebenen. Diese Kategorien sind eingebettet in eine soziale Hierarchie, die durch die drei globalen Herrschaftssysteme Rassismus/Kolonialismus, Kapitalismus und Patriarchat sowie deren Nebenprodukte Klassismus, Homo- und Transphobie, Cis- und Heterosexismus, Behindertenfeindlichkeit, Islamophobie, Antisemitismus, Anti-Roma-, Anti-Schwarz-, Anti-Asien- und Anti-Muslim-Rassismus definiert wird. Die daraus resultierende Mehrfachdiskriminierung führt zu systemischer Ungerechtigkeit und sozialer Ungleichheit." (3)

Zentrale Elemente in intersektionalen Diskursen sind unter anderem die enge Verknüpfung mit Schwarzen Feminismen, (Un-)Sichtbarkeit und das sogenannte Silencing (zum Schweigen bringen), Macht und Wissensproduktion, Rasse („race") sowie Weißsein und Farbenblindheit. Es sind exakt diese Elemente, die auch die Klimabewegung informieren und sie auf ihrem Weg zur (stärkeren) Implementierung intersektional-feministischer Perspektiven anleiten können. (4)

Konsequent Machtkritik üben und ausbeuterische Strukturen abbauen

Wenn wir uns genauer anschauen, was Klimagerechtigkeit bedeutet, wird sehr schnell klar, wie dringend nötig eben eine Transformation ist, die inklusiv, intersektional, dekolonial und radikal ist. Gewiss, es gibt unterschiedliche Auffassungen und Definitionen von Klimagerechtigkeit. Um der großen Herausforderung, die die Klimakrise birgt, gerecht zu werden, bedarf es einer intersektional-feministischen Definition, die sich bemüht, miteinander verknüpfte Phänomene in den Blick zu nehmen und das Leben auf diesem gefährdeten Planeten sicherzustellen. Für mich bedeutet Klimagerechtigkeit daher ein gerechtes und faires Zusammenleben in Einklang mit der Umwelt, sie umfasst ökonomische, gesundheitliche, antirassistische, Umwelt- und Geschlechtergerechtigkeit und Verantwortung, die Bewusstsein und Reparationen von jenen fordert, die für die Klimakrise verantwortlich sind, indem sie konsequent Machtkritik übt und ausbeuterische Strukturen abbaut.

Den Ursprung für mein Verständnis von Klimagerechtigkeit liefert die Umweltgerechtigkeitsbewegung Anfang der 1980er-Jahre in den USA – eine Bewegung die von Schwarzen Amerikaner*innen, Indigenen, Asiat*innen und pazifischen Inselbewohner*innen sowie Lateinamerikaner*innen („Latinos") angeführt wurde. Sie protestierten friedlich – aber leider erfolglos – gegen die Lagerung kontaminierten und giftigen Mülls in Warren County (und anderen Orten), die mehrheitlich von Schwarzen Menschen bewohnt wurden. Zur gleichen Zeit ergaben erste Studien von Schwarzen Wissenschaftler*innen, dass drei Viertel aller giftigen Mülldeponien in Gegenden gebaut werden oder aktiv sind, in denen vor allem Schwarze, arme und Latino-Gemeinschaften lebten. (5) Obwohl die Bewegung in ihrem ersten Anliegen nicht erfolgreich war, hatte sie nachhaltigen und bis heute anhaltenden Einfluss auf den Umweltaktivismus in den USA. Sie prägte maßgeblich den Begriff Umweltrassismus und den Kampf für umfassende Gerechtigkeit – während weiße Umweltgruppen ihre Solidarität versagten und »nur« für die Umwelt, nicht aber für Gerechtigkeit kämpften. Intersektionalität, resultierend aus den Kämpfen Schwarzer Feminist*innen, ist es, die hier wieder zum Tragen kommt, die deutlich macht, dass es nicht »nur« um die Umwelt, nicht »nur« um das Klima geht. Es geht ums Überleben, um den Zusammenhalt in Gesellschaften, die zu oft auf Machtmissbrauch, weiße Vorherrschaft, Ausbeutung und einem Gegen- statt einem Miteinander beruhen. Ein intersektionaler Blick erlaubt uns eine ehrliche Analyse des Status quo, die wir benötigen, um zur herbeigesehnten Transformation zu kommen.

Keine einfachen Lösungen mehr für komplexe Fragen

Dieses zugegebenermaßen breite Verständnis von Klimagerechtigkeit erlaubt es unterschiedlichen, oft getrennt voneinander agierenden Bewegungen, sich unter diesem Begriff zusammenzufinden und für umfänglichen Systemwandel einzustehen. Genau das benötigt eine ernst zu nehmende Transformation. Wenn wir die Klimakrise als soziale Krise verstehen, dann wird ein Nacheinander nicht funktionieren. Wir müssen aufhören, Menschen glauben zu lassen, dass wir uns zunächst um ein Problem (z. B. Armut) und dann um das nächste Problem (z. B. die Klimakrise) und das nächste Problem (z. B. Geschlechterungerechtigkeit) kümmern werden. Die großen Herausforderungen unserer Zeit, sind unverkennbar miteinander verknüpft. Um dieser Verknüpfung gerecht zu werden, müssen wir sie auch auf eine inklusive, intersektionale Weise angehen. Wir müssen der Komplexität der Sache gerecht werden. Keine einfachen Lösungen für schwierige Fragen, das funktioniert einfach nicht.

Die Klimakrise hat die Welt bereits verändert (extreme Dürren, Hitze und Waldbrände, Naturkatastrophen, klimabedingte Flucht und Migration, die Liste ließe sich noch lange fortführen) und sie wird das weiter tun. Eine Transformation braucht es, um diesen Veränderungen etwas entgegenzusetzen, um ihnen gerecht zu werden. Doch sind wir bereit dafür? Was muss sich in Bezug auf Wissenschaft und Politik ändern? Wir brauchen eine Wissenschaft, die konsequent die Lebensrealitäten von Menschen einbezieht und auch alternative Formen von Wissen (Indigenes Wissen, intergenerationales Wissen, Kommunale Pflege, Storytelling etc.) anerkennt. Wir brauchen eine ehrliche und repräsentative Vertretung der Menschen, die am meisten von der Klimakrise betroffen sind. Wir brauchen eine Politik, die nicht im Interesse von Lobbyist*innen, Firmen und Staaten handelt, sondern das Wohl von Menschen und dieses Planeten priorisiert. Wir brauchen einen radikalen Wandel unserer Lebensweise(n) und Systeme. Partizipation, die Bühne teilen, Menschen aus dem sogenannten Globale Süden einbeziehen – schön und gut, aber was es viel mehr braucht, ist echten politischen Willen (zur Erinnerung: Deutschland schafft es noch nicht mal, ein Tempolimit einzuführen).

Ohne Gerechtigkeit keine Transformation

Die Frage aller Fragen muss dabei lauten: Für was argumentieren und kämpfen wir eigentlich? Meine Antwort darauf lautet: für ein gerechtes und faires Zusammenleben in Einklang mit der Umwelt – was nur durch radikalen Systemwandel erreicht werden kann. Klimagerechtigkeit durch einen gerechten und inklusiven Transformationskurs können wir nicht mit Lösungen erreichen, die aus dem gleichen System resultieren, das die Klima- und Umweltkrise überhaupt verursacht hat. Radikaler Systemwandel erfordert radikale Ehrlichkeit. Wir müssen uns endlich an die schweren, systemverändernden und unangenehmen Fragen rantrauen. Keine Frage, das ist nicht leicht. Aber ich bin überzeugt davon, dass Gesellschaften daran auch wachsen und sich zum Positiven verändern können – vor allem für die am meisten marginalisierten Menschen, für die, die unentwegt kämpfen und alternative Lösungen finden, für die, die die Gemeinschaft und das Zusammenleben vor Profitmaximierung und Individualismus stellen. Schwarze Frauen sind nur eine der Gruppen, die das unentwegt tun, und Schwarze Feminismen können ein Leitfaden für uns alle auf dem Weg zu dieser gerechten und fairen Welt sein. Wir müssen nur endlich damit beginnen, die vielen Ideen und Lösungsvorschläge in die Tat umzusetzen. _____

Literatur

(1) www.mcgilltribune.com/climate-justice-is-racial-justice/
(2) Atkin, E. (2020): The climate movement's silence: On insidious anti-blackness in climate activism, and the rise of Climate Chads. In: Heated (1.6.2020).
(3) www.intersectionaljustice.org/what-is-intersectionality
(4) Anderson, S. (2021): Eine intersectional-feministische Perspektive auf die Klimabewegung: Zur Anerkennung und Wertschätzung (marginalisierter) Stimmen von Black, Indigenous und Women of Color. In: Femina Politica (Hrsg.): Schwarze Feminismen/Black Feminisms. Tübingen, S. 64-78.
(5) www.nrdc.org/stories/environmental-justice-movement

Was gendern Sie am liebsten?

Ohne die Verknüpfung mehrerer Unterdrückungsmechanismen gemeinsam und zeitgleich zu bekämpfen, läuft Klimaaktivismus Gefahr, ein Greenwashing weißer Vorherrschaft zu sein.

Zur Autorin

Sheena Anderson ist Politikwissenschaftlerin und Schwarze Feministin. Seit 2020 arbeitet sie beim Centre for Feminist Foreign Policy (CFFP) in Berlin. Sie ist Aktivistin im Black Earth Kollektiv.

Kontakt

Sheena Anderson
E-Mail sheena.anderson@gmx.de

0 %   100 %

| GESCHLECHTERGERECHTIGKEIT | |

lädt ...

REVISION

Nach wie vor gibt es zu wenig praktische Ansätze für
eine geschlechtergerechte, transformative Umwelt-
und Klimapolitik. Traditionelle Machtverhältnisse
und strukturelle Ungleichheiten zwischen Männern
und Frauen wirken sich negativ auf den Verlauf der
Energiewende aus. Auch die Raum- und Planungswissenschaften fremdeln noch immer mit feministischen Konzepten. – Welche Wege führen aus der
Rosa-Hellblau-Falle? Warum können Kreise auch
Sackgassen sein? Welche Folgen hat Geschlechterblindheit?

Reproduktion von Rollenklischees

Süße Puppenmuttis und wilde Ingenieure

Gendermarketing lässt zwar die Kassen klingeln, schadet aber gesamtgesellschaftlich, weil es Menschen in ihrer Wahlfreiheit und in ihrer alltäglichen Lebensführung einschränkt. Unternehmen kommt daher eine gesellschaftliche Verantwortung zu, der sie sich zu selten bewusst sind und der sie deshalb nicht gerecht werden. Dabei ginge es auch anders.

Von Almut Schnerring und Sascha Verlan

————Im Jahr 2006 veröffentlichten die Psychologinnen Meagan Patterson und Rebecca Bigler von der University of Texas die Ergebnisse einer Studie mit Vorschulkindern, in der sie nachweisen konnten, dass bereits die willkürliche Einteilung in zwei Gruppen Einfluss hat auf Interessen und Verhalten der Betroffenen. Die Kinder wurden dafür in eine blaue und eine rote Gruppe eingeteilt. Drei Wochen lang trugen die einen ein rotes T-Shirt, die anderen ein blaues. Blaue und Rote wurden gleichmäßig auf zwei Räume verteilt, sodass sich in beiden Räumen Kinder in roten und in blauen Shirts aufhielten. Im einen Raum wurden die Farben nicht weiter erwähnt, im anderen dagegen sprachen die Erzieher*innen die beiden Kategorien immer wieder an; sie verteilten etwa blaue und rote Namensschilder und die Kinder sollten sich morgens in zwei Reihen nach Rot und Blau getrennt aufstellen. Bei einer Befragung der Kinder zeigte sich, dass sie lieber mit Kindern derselben Farbgruppe spielen wollten und auch Spielsachen lieber mochten, die die Kinder der eigenen Gruppe bevorzugten. Bei den Kindern aus dem Raum, in dem die Erzieher*innen die Farbunterschiede regelmäßig betont hatten, waren diese neuen Vorlieben noch sehr viel stärker ausgeprägt. – In gerade einmal drei Wochen hatten sich die sozialen Strukturen dieser Kitagruppe ganz offensichtlich und entlang der Farbgrenze verändert.

Ersetzt man nun rote und blaue T-Shirts durch rosa und blaue Spielzeugschachteln, durch pinke und schwarze Verpackungen im Drogeriemarkt, geschlechtergetrennte Gummistiefel oder Schulranzen oder Männersenf und Frauensocken, wird deutlich, dass Kinder und Erwachsene jeden Tag aufs Neue zu Proband*innen der oben genannten Studie gemacht werden, allerdings ohne zeitliche Begrenzung, pädagogische Begleitung oder gar Auflösung. Und es stellt sich die Frage, wie frei Kinder noch sein können in der Entfaltung ihrer Persönlichkeiten, ihrer Interessen und individuellen Lebenswege. Zumal sich diese fortwährende Gruppentrennung nach Geschlecht durch alle Lebensbereiche zieht, vom Aufstehen bis zum Einschlafen, von der Wiege bis zur Bahre, ganz egal ob Ernährung, Baumarkt, Kleidung, Bücher, Filme und natürlich die sozialen Medien mit ihren Algorithmen, die den Bias potenzieren.

Gendermarketing in Deutschland

Das sozialpsychologische Wissen um die einschränkende Wirkung einer geschlechtsspezifischen Ansprache der Zielgruppen ist schon seit den 1980er-Jahren bekannt und gesichert. Trotzdem (oder gerade deshalb?!) traf sich die Werbebranche 2006 und 2007 in Berlin zu zwei internationalen Kongressen, um sich auszutauschen über „wirtschaftliches Wachstum durch Gendermarketing", jener Werbestrategie, die Umsätze zu steigern versucht, indem sie das Warenangebot und die Publikumsansprache auf das Geschlecht der Menschen hin ausrichtet – nur zwei Geschlechter wohlgemerkt, daran änderte auch das richtungsweisende Urteil des Bundesverfassungsgerichts für einen dritten positiven Geschlechtseintrag nichts. Seitdem gibt es Nabelschnurscheren in rosa und hellblau; Erstlesebücher für Jungen mit Abenteuergeschichten und für Mädchen voller Prinzessinnen, Einhörner und viel Hausarbeit; es gibt Managermüsli für Krawattenträger, Frauenbratwürste, geschlechtergetrennte Mineralwässer, Putzmittel, Handwerksutensilien – kaum mehr ein Lebensbereich, der nicht auf solch absurde Weise gegendert würde. Die Unternehmen haben dabei das Argument auf ihrer Seite, dass sie auf diese Weise ihren Umsatz und Gewinn steigern und damit letztlich das Bruttoinlandsprodukt stärken. Gesamtgesellschaftlich betrachtet und auf lange Sicht schadet Gendermarketing allerdings, weil es insbesondere Kinder einschränkt in ihrer Wahlfreiheit und ganz konkret in ihrer alltäglichen Lebensführung.

Strammer Max vs. Birne Helene

Lebensmittel wie Quark, Obst, Gemüse und süße Desserts gehören in der westlichen Welt zu den »schwachen« Nahrungsmitteln. Um diese Lebensmittel zu essen, braucht es wenig Kraft und Biss, auch Kranke und Kinder kommen damit klar. Bebildert wird die dazugehörige Werbung mit joggenden, tanzenden, gut gelaunten Freundinnen oder mit Müttern, die neben spielenden Kindern Zeit für ein Päuschen haben, um Joghurt oder luftige Schokolade zu essen. Geht es dagegen um Fleisch, scharfe Gewürze oder um Alkohol, kommen Männergruppen oder kleine Jungs ins Bild, starke Kerle jedenfalls, die für ihren kräftezehrenden Alltag eine Wurstvesper brauchen. Diese »starken« Nahrungsmittel setzen Widerstandskraft voraus, folglich haben angeblich besonders Frauen ihre Probleme damit.

Frauen vermitteln sich selbst und ihrem Umfeld, mit einer zurückhaltenden Art zu essen: „Ich achte auf mich, ernähre mich leicht und gesund." Zuschlagen und reinhauen gilt dagegen als männlich, zeugt von Kraft und Gesundheit. Er hat einen „gesunden Appetit", sie dagegen gilt schnell als „maßlos'", wenn nicht spürbar bleibt, dass sie ihr Gewicht im Blick behält. Diese Unterschiede im Essverhalten von Männern und Frauen werden in der Kindheit angelegt, was zahlreiche Studien belegen: Jungen werden zum Beispiel eher dazu angehalten, ihren Teller leer zu essen, und öfter mit ihrem Lieblingsessen bekocht. Mädchen dagegen werden eher unterstützt, in Maßen zu genießen und auf ihr Körpergewicht zu achten. Die Folge: Schon vor der Pubertät unterscheidet sich die Lust am Essen bei Mädchen und Jungen. Jungen betonen den Genussaspekt des Essens, während Mädchen eher Ängste äußern und von Kontrolle sprechen. Sie lernen schon früh, dass ihr äußeres Erscheinen in Zusammenhang mit positiver Zuwendung steht. Ihr Selbstgefühl hängt daher häufig mit der Bewertung ihrer Figur zusammen. Und solange wenig essen mit weiblicher Attraktivität assoziiert wird, fällt es Mädchen schwer, den eigenen Essensvorlieben mit Freude nachzugehen, was im Extremfall zu Essstörungen führen kann.

Die Werbung greift diese unbewussten Rollenbilder auf und verstärkt sie. Das hat insbesondere in der allgegenwärtigen Verknüpfung von Männlichkeit und Alkohol beziehungsweise Fleisch fatale Folgen: Jungen und Männer ernähren sich insgesamt ungesünder (mehr Fleisch und Fast Food, weniger Obst und Gemüse) und konsumieren im Vergleich zu Frauen deutlich mehr Alkohol, Tabak und andere Drogen. Ungesunde Ernährung und Drogenmissbrauch sind zwei wesentliche Gründe dafür, dass Männer im Durchschnitt fünf Jahre kürzer leben als Frauen. Was also viele als unrealistisches Filmklischee einordnen oder als harmlos wegwischen – „Von Werbung lasse ich mich sowieso nicht beeinflussen" – hat ernsthafte Konsequenzen in der Realität. Unternehmen und Marketingabteilungen kommt daher eine gesellschaftliche Verantwortung zu, der sie sich zu selten bewusst sind und der sie deshalb nicht gerecht werden.

Wege aus der Rosa-Hellblau-Falle

Gendermarketing wirkt auf zwei Ebenen: Zum einen legt diese Marketingstrategie Kindern (und denen, die für sie einkaufen) abhängig vom Geschlecht nahe, womit sie spielen, was angeblich zu ihnen passt, wie sie aussehen und mit welchen Themenbereichen sie sich beschäftigen oder was sie vermeiden sollten. Zum anderen prägt das binäre, stereotype Angebot unser aller Verständnis von Normalität. Denn wenn in der überwiegenden Mehrheit der Werbebilder nur Mädchen in Spielküchen zu sehen sind und Frauen/Mütter im Haushalt, stellten damit der Junge mit Puppen oder Männer/Väter beim Kochen automatisch eine Ausnahme dar. Die Verknüpfung von Sorgearbeit und Weiblichkeit wird damit zu einer sich selbst erfüllenden Prophezeiung.

„Wir bieten nur Orientierung, unsere Kundschaft ist natürlich frei, sich anders zu entscheiden", lautet die zurzeit noch übliche Reaktion der Unternehmen auf Kritik an ihren binären Angeboten. Das verharmlost auf fast schon zynische Weise den beschriebenen Einfluss. Denn die so zementierten Normen sind im Grunde Handlungsanweisungen, die unser soziales Verhalten regulieren. Sie lassen sich

> **Das binäre, stereotype Angebot prägt unser aller Verständnis von Normalität.**

nicht einfach ignorieren, denn das persönliche Umfeld beurteilt und bewertet das Verhalten anderer auf Grundlage dieser Normen. Abweichungen führen zu Ausschlüssen, Benachteiligungen und Gewalt gegen Personen, die nicht in diese konstruierte soziale Norm passen. Diese Grenzen aufzuweichen, sie infrage zu stellen, die gesellschaftliche Akzeptanz von Andersseins und die Vielfalt der Rollenvorbilder zu erhöhen, ist daher ein stetiges Anliegen und eine gewaltige Aufgabe vieler Projekte, Kampagnen und Organisationen.

Diese kontraproduktive, zerstörerische Entwicklung wird aber weder von wirtschaftlicher noch von politischer Seite in ihrer Tragweite erkannt. Zum Nachteil aller, denn es ist ja kein Geheimnis, dass sich aus Spielinteressen und Vorlieben nach und nach Fähigkeiten entwickeln, die später Berufswahl und Lebensverlauf beeinflussen. Wem aber über die gesamte Kindheit hinweg vermittelt wurde, dass Schönheit eine Fähigkeit sei, in die investiert werden müsse, oder wer verinnerlicht hat, dass Fürsorglichkeit und Empathie Eigenschaften seien, die besser geheimgehalten werden, wird dieses internalisierte Wissen nicht am Girls' Day oder Zukunftstag ablegen und bis zum ersten Arbeitsvertrag nicht verlernt haben.

Eine Gesellschaft, die sich selbstbewusste, naturwissenschaftlich-mathematisch interessierte, durchsetzungsstarke junge Frauen wünscht, muss verhindern, dass Mädchen durch Werbung und Spielwarenindustrie, in Filmen und Büchern auf ihre häusliche Rolle, auf Schönheit und Niedlichsein reduziert werden. Wer sich einen höheren Anteil von Männern in Kitas und Grundschulen wünscht, wem engagierte, fürsorgende Väter wichtig sind, muss sich dafür einsetzen, dass kleine Jungen in diese Care-Bereiche hineinwachsen dürfen, dass sie sich spielerisch annähern und eine Care-Biografie entwickeln können.

Wenn der Artikel 2 im Grundgesetz – „das Recht auf freie Entfaltung der Persönlichkeit" – uns tatsächlich etwas bedeutet, braucht es einen Konsens darüber, dass die Verbreitung binärer Rollenvorbilder in Werbung, Medien und Lernmaterialien diese Entfaltung einengt und Wahlfreiheit grundlegend verhindert. Wenn nachfolgenden Generationen mehr Wahlfreiheit ermöglicht werden soll, dann braucht es auch aufseiten der Wirtschaft nachhaltige Investitionen, um der allgegenwärtigen, binären Normierung und Einengung entgegenzuwirken. Damit die Verantwortung, die das Label der Corporate Social Responsibility (CSR) verspricht, auch tatsächlich getragen wird, muss so manche der bisherigen CSR-Maßnahmen gestrichen werden zugunsten einer ressortübergreifenden Strategie, in der Gendermarketing keinen Platz mehr haben kann. ____ ▬

Literatur

Schnerring, A. / Verlan, S. (2021): Die Rosa-Hellblau-Falle. Für eine Kindheit ohne Rollenklischees. München.

Schnerring, A. / Verlan, S. (2020): Equal Care. Über Fürsorge und Gesellschaft. Berlin.

Was gendern Sie am liebsten?

Wir üben uns im ent-gendern, denn gegendert wird ja sowieso schon allüberall: Herrengedeck und Ladys-Salat, Einschlafgeschichten für Jungen, Schulranzen für Mädchen, Mädelsflohmarkt und Duschgel für Ihn... Wie praktisch, dass wir wenigstens das eigene Sprechen so anpassen können, dass alle mit im Boot sind.

Zu den Autor*innen

Almut Schnerring und Sascha Verlan sind ein Journalist*innen-, Autor*innen- und Trainer*innen-Duo. Sie leben mit ihren drei Kindern in Bonn. Sie sind Initiator*innen des „Equal Care Day – Aktionstag für mehr Wertschätzung, Sichtbarkeit und eine faire Verteilung der Sorgearbeit" (equalcareday.de) sowie des Awards für absurdes Gendermarketing „Goldener Zaunpfahl" (goldener-zaunpfahl.de).

Kontakt

Almut Schnerring, Sascha Verlan
Wort & Klang Küche GbR
Büro für Journalismus und Kommunikation
E-Mail kontakt@wu2k.de

Abfall und Geschlecht

Kreise können auch Sackgassen sein

Müll produziert weltweit gravierende soziale und ökologische Problemlagen. Konzepte der Kreislaufwirtschaft stehen daher hoch im Kurs. Sie werden aber nur dann funktionieren, wenn sie ihre Geschlechterblindheit ablegen und auch die nötige Sorgearbeit für Mensch, Tier und Natur mitdenken.

Von Miriam Kienesberger

▬▬▬▬Abfall ist ein unvermeidbares Produkt moderner menschlicher Lebensweisen. Es gibt keine industrialisierte Gesellschaft, die ganz ohne ihn auskommt. Und dennoch unterscheiden sich Gesellschaften stark in den von ihnen produzierten Mengen, Arten sowie ihrem Umgang mit Müll. Im Globalen Norden spielen dabei die Vorstellung, wir könnten uns seiner einfach entledigen, sowie die Leugnung von Abfällen, die sich beispielsweise in räumlicher Distanzierung ausdrückt, eine zentrale Rolle. Obwohl vorherrschende Produktions- und Konsumweisen große Mengen an Müll mit sich bringen, besteht die Tendenz, ihn aus der individuellen wie kollektiven Wahrnehmung verschwinden zu lassen. Und auch wenn damit das Ausmaß der Abfallmassen undurchsichtig bleibt, zählt Müll zu den maßgeblichen Hürden auf dem Weg in eine nachhaltigere Zukunft. Denn Abfall produziert immer auch gravierende soziale und ökologische Problemlagen.

Zunächst sollten wir uns aber der auf den ersten Blick banalen Frage widmen, was Abfall eigentlich ist. Banal scheint sie deswegen, weil wir ihn problemlos zu erkennen meinen, wenn wir ihm begegnen. Dennoch lässt sich Abfall nicht so ohne weiteres definieren – schon gar nicht allgemeingültig. Abfall ist immer Abfall aus einer konkreten zeitlich und örtlich gebundenen Perspektive. Denken wir nur an das Sprichwort „one wo*man's trash is another wo*man's treasure" (Was für die einen Müll ist, ist für die anderen ein Schatz). Dabei sind es nicht (allein) stoffliche Eigenschaften, die entscheiden, ob Dinge zu Müll werden. Abfall ist vielmehr Teil unserer Politiken, Wirtschaftsformen, Denkweisen, Infrastrukturen und Alltagspraktiken – damit eingebettet in gesellschaftliche Verhältnisse. Gleichzeitig betonen Vertreter*innen kritischer Abfallforschung (discard/waste studies, geographies of waste), dass sich Müll nicht auf ein soziokulturelles Symptom reduzieren lässt. Abfall muss als ein Produkt menschlicher und nicht menschlicher Akteur*innen betrachtet werden, bei dem Mikroorganismen und Tiere genauso involviert sein können wie menschliche Arbeit, Technologien und Ideen. Es gilt demnach auch seine materielle Zusammensetzung und stofflichen Effekte auf Menschen, Lebensräume sowie andere Spezies ernst zu nehmen. Zu beobachten ist dies etwa an Treibhausgasen und giftigen (Neben-)Produkten, mit denen Abfall zu drängenden Nachhaltigkeitsproblemen wie dem Klimawandel, Umweltverschmutzung oder dem pazifischen Müllstrudel beiträgt.

Kreislaufwirtschaft nur mit der Kategorie Geschlecht sinnvoll

In Politik, Wirtschaft und Wissenschaft wird zunehmend eine Kreislaufwirtschaft (circular economy), die Materialströme zirkulär gestalten will, als möglicher Lösungsansatz dafür diskutiert. Durch technische, biologische, aber auch ideelle Prozesse sollen dabei Ressourcen länger in Gebrauch gehalten werden. Unter dem Schirm der Circular Economy findet ein buntes Sammelsurium an Ansätzen Platz: von der Verlängerung der Lebensdauer von Erzeugnissen oder der Wiederverwendung organischer Stoffe über recyclebare Produkte bis hin zu Repair-Initiativen oder Sharing-Plattformen. Teils widersprechen sich diese Zugänge konzeptionell. So sehen Mainstream-Diskurse in der Kreislaufwirtschaft eine einzigartige Möglichkeit, bestehende Produktions- und Konsummuster ressourceneffizienter aufrechtzuerhalten und darüber ökonomisches Wachstum mit Nachhaltigkeit zu verbinden. Kritischere Ansätze verweisen hingegen auf die Notwendigkeit, Energie und Ressourcen absolut einzusparen, und fordern damit das Wachstumsparadigma selbst heraus. Um die Potenziale und Fallstricke unterschiedlicher Zugänge zur Kreislaufwirtschaft ganzheitlich reflektieren zu können, muss zudem die Kategorie Geschlecht ausdrücklich adressiert werden. Denn sie strukturiert sowohl gesellschaftliche Verhältnisse, als auch die Beziehungen von Gesellschaften zur Natur. So wirken sich Geschlechterverhältnisse sowohl auf Produktions- und Konsummuster als auch auf den Umgang mit Stoffen und die dabei verfolgten Ziele aus. Geschlechterverhältnisse können außerdem die Aufteilung von Gestaltungsmöglichkeiten, die Erarbeitung von Lösungskonzepten sowie die Verteilung von Kosten und Nutzen des gesellschaftlichen Stoffumgangs prägen. (1)

> **,, Geschlechterverhältnisse wirken sich sowohl auf Produktions- und Konsummuster als auch auf den Umgang mit Stoffen und die dabei verfolgten Ziele aus. "**

Spannende Ausgangspunkte für die Berücksichtigung von Geschlechterfragen und eine kritische Reflexion der Grundannahmen kreislaufwirtschaftlicher Strategien liefern dabei feministische Perspektiven an der Schnittstelle von Ökonomie und Ökologie (2). Mit ihren Analysen des Verhältnisses von Produktion und Reproduktion legen sie das vergeschlechtlichte Prinzip der Abspaltung als ein konstitutives Moment des aktuellen sozioökonomischen Systems offen. Der moderne Kapitalismus gründet demnach nicht nur auf männlich besetzter, marktvermittelter und tauschwertorientierter Produktionsarbeit, sondern auch auf der Verfügbarkeit von feminisierten, un- oder niedrig bezahlten Ressourcen der „sozialen Reproduktion", die Gebrauchswerte abseits des Marktes schaffen (vgl. S. 31 ff.). Indem reproduktive Arbeiten sowie materiell-ökologische Prozesse von der Produktionssphäre ideell abgekoppelt werden, wird ihre Bedeutung für das gesellschaftliche Fortbestehen unsichtbar gemacht; damit können sie abgewertet und ausgebeutet werden. Und während im Zuge dessen unter anderem feminisierte Sorge- und Hausarbeit sowie die natürliche Umwelt in formalen sozioökonomischen Überlegungen ignoriert werden können, sind es gerade diese Bereiche, die die (materiellen) Kosten der vorherrschenden Lebensweise tragen.

Anschließend an diese Einsichten lässt sich die sozioökologische Bedeutung von Abfall neu einordnen. So lässt sich argumentieren (3), dass Müll einen der eben beschriebenen, wirtschaftlich externalisierten Aspekte der kapitalistischen Reproduktionsweise darstellt. Damit sind weder seine aktuellen Mengen, Arten noch Bearbeitungsformen zufällig. Vielmehr müssen sie als Ausdruck des systemischen Versagens einer Wirtschaftsweise begriffen werden, die auf dem vergeschlechtlichen Bruch zwischen ökonomischer Produktions- und scheinbar außerökonomischer Reproduktionssphäre gründet. Müll und daran anschließende Krisenerscheinungen – wie Gesundheitsrisiken oder Bodenverschmutzung – sind also Symptome eines spezifischen Verhältnisses von Gesellschaft zur Natur. Dementsprechend braucht es kreislaufwirtschaftliche Strategien, die an dieser nicht nachhaltigen Reproduktionsweise als Teil der bestehenden gesellschaftlichen Naturverhältnisse rütteln beziehungsweise sich der herrschaftsförmigen Denklogik widersetzen. Das heißt, Praktiken der Kreislaufwirtschaft müssen der faktischen Verwobenheit von Produktion und Reproduktion gerecht werden und sich der im Moment dominanten ideellen Abkopplung der beiden Bereiche widersetzen. Anstatt bloß auf Produktivität und Effizienz zu fokussieren, sollten kreislaufwirtschaftliche Ansätze un- oder niedrig bezahlte Sorge für Menschen, Tiere, Abfälle und die Natur im gleichen Maße mitdenken. Kurz gesagt, sie müssen auf einem ganzheitlichen Verständnis von Ökonomie gründen. Werden sie dem nicht gerecht, drohen problematische Blindstellen.

Feminisierung von Umweltverantwortung

Zum einen können dann konkrete Auswirkungen kreislaufwirtschaftlicher Maßnahmen auf reproduktive Tätigkeiten sowie auf diejenigen, die sie erbringen, unter den Tisch fallen. Angesichts dessen, dass Sorge- und Hausarbeit, wie oben bereits erwähnt wurde, feminisiert sind, sind in vielen Gesellschaften Frauen* für diese Aufgaben verantwortlich – das beinhaltet auch den Umgang mit Abfällen und ihre Beseitigung. Wird nun die Bürde von beispielsweise Recycling, Abfallreduktion und Kompostierung nicht den Produzent*innen oder anderen öffentlichen Akteur*innen übertragen, sondern durch die Moralisierung täglicher Routinen ins Private verlagert, besteht die Gefahr, dass sich die Belastung von Frauen* noch weiter zuspitzt. So hat bereits die Pionierstudie „Frauen und Müll" 1991 gezeigt, dass mit der Einführung der Hausmülltrennung in Deutschland ein Mehraufwand an unbezahlter Versorgungsarbeit – Reinigen, Sortieren, Transportieren – in den privaten Haushalten entstanden ist, der zulasten von Frauen* ging. (4) Werden durch eine solche „Feminisierung von Umweltverantwortung" individuelle Frauen* für die Bearbeitung der sozial-ökologischen Krise in die Pflicht genommen, können aber strukturelle (Macht-)Fragen nicht adressiert werden.

Zum anderen kann das progressive, politisierende Potenzial von (feministischer) Sorge um Müll nicht wertgeschätzt werden. (5) Eine solche Sorge(-arbeit) will Abfall nicht einfach zum Verschwinden bringen, sondern ermöglicht Zeiten und Räume für das Erproben alternativer Formen des In-Beziehung-Tretens. Damit lässt sich eine Ethik beziehungsweise Solidarität anstoßen, die neben menschlichen Welten auch nicht menschliche miteinschließt. Mit Arbeiten wie dem Kompostieren kann eine sowohl intellektuelle als auch körperliche Auseinandersetzung mit kleinen Lebewesen, biochemischen Prozessen und Ökosystemen stattfinden, die zum Ausdruck einer neuen, relationalen Form des Menschseins wird. Dies kommt einer Politik der ethischen Verpflichtung gleich, bei der das Menschliche und seine Handlungsfähigkeit nicht mehr alleine im Zentrum stehen, sondern die Beziehung zu nicht menschlichen Seinsformen und deren Wirkmächtigkeit hervortritt. Denken wir nur an die zentrale Rolle von Würmern, Mikroben oder Hefen im Kompost. Ein so verstandenes Menschsein kann dabei helfen, die gesellschaftliche Tendenz zu unterwandern, Abfallverhältnisse allein in den Begriffen „aktive Kultur" versus „passive Natur" zu fassen.

Möglichkeiten der Sorgearbeit endlich wertschätzen

Abschließend lässt sich also feststellen, dass sich durch Abfall gesellschaftliche Verhältnisse (zur Natur) ausdrücken. Ihn nicht strukturell zu adressieren, sondern einfach zum Verschwinden bringen zu wollen, indem er zum Beispiel als warenförmige Ressource zurück in den sozioökonomischen Kreislauf eingespeist wird, wird die ihm zugrunde liegenden Probleme, die auf menschlichen Machtverhältnissen basieren, nicht lösen können. Vielmehr müssen die dahinterliegenden wirtschaftlichen und politischen Beziehungen – unter anderem die hierarchisierende vergeschlechtlichte Abspaltung von Produktion und Reproduktion – adressiert werden. Nur wenn sich kreislaufwirtschaftliche Konzepte dieser Herausforderung stellen und sich dem Ganzen der Ökonomie annehmen, wird es ihnen auch gelingen, die Feminisierung ökologischer Verantwortung zu verhindern und die Möglichkeiten, die Sorgearbeit für transformativen Wandel in Richtung Nachhaltigkeit bietet, wertzuschätzen. _____ ▬

Anmerkungen

(1) Weller, I. (2003): Stoffströme und Geschlechterverhältnisse. Verschlungene Wege zur nachhaltigen Gestaltung von Stoffen und Produkten. In: Heinz, K. / Thiessen, B. (Hrsg.): Feministische Forschung – Nachhaltige Einsprüche. Wiesbaden. S. 353-370.

(2) Hofmeister, S. / Katz, C. / Mölders, T. (2012): Geschlechterverhältnisse und Nachhaltigkeit. Die Kategorie Geschlecht in den Nachhaltigkeitswissenschaften. Opladen, Berlin & Toronto.

(3) Hofmeister, S. (1998): Von der Abfallwirtschaft zur ökologischen Stoffwirtschaft: Wege zu einer Ökonomie der Reproduktion. Opladen.

(4) Schultz, I. / Weiland, M. / Schramm, E. (1991): Frauen und Müll. Frauen als Handelnde in der kommunalen Abfallwirtschaft. Gutachten im Auftrag des Magistrates der Stadt Frankfurt am Main / Frauenreferat. In: Sozial-ökologische Arbeitspapiere AP (40). Frankfurt am Main.

(5) Wilde, M. de / Parry, S. (2022): Feminised concern or feminist care? Reclaiming gender normativities in zero waste living. In: The Sociological Review. S. 1-21.

Was gendern Sie am liebsten?

Alles, was die »Sprachpolizei« auf den Doppelpunkt treibt.

Zur Autorin

Miriam Kienesberger hat Gender Studies und Politikwissenschaften studiert. Sie ist Doktorandin am IÖR und arbeitet im Verbundprojekt „GiB_Raum: Geschlechteraspekte im Blick der raumbezogenen Nachhaltigkeits-, Transformationsforschung" (vgl. S. 105 f.)

Kontakt

Miriam Kienesberger
Leibniz Institut für ökologische Raumentwicklung (IÖR)
E-Mail m.kienesberger@ioer.de

Energiewende und Gerechtigkeit

Geschlechterperspektiven als Augenöffner

Um zu verstehen, welche Ungleichheiten und Hierarchien in Prozesse der Energiewende eingeschrieben sind, braucht es erweiterte Betrachtungsweisen. Einen wichtigen Beitrag kann dazu die genderorientierte Energieforschung leisten.

Von Theresa Herdlitschka und Katharina Kapitza

Die Energiewende ist ein tiefgreifender sozialer, ökologischer, technischer, wirtschaftlicher und politischer Transformationsprozess. Vor dem Hintergrund hybrider Krisen im Anthropozän gilt sie als ein zentraler Baustein sozial-ökologischer Transformationen in Richtung Nachhaltigkeit. Damit verbundene Energiewendeprozesse, wie der Ausstieg („Phasing-out") aus fossilen und die Einführung („Phasing-in") erneuerbarer Energien, sind über diese Einbettung normativ an das Postulat der inter- und intragenerationalen Gerechtigkeit geknüpft. Ein Blick auf gendersensible oder machtkritische Forschungen zum Thema zeigt allerdings, dass nicht per se von einer gerechten Planung, Gestaltung und Umsetzung der Energiewende ausgegangen werden kann. Beispielsweise sind strukturell bedingt immer noch mehr Männer an Entscheidungsprozessen zur Energiewende beteiligt und bereits bestehende Vulnerabilitäten werden in Energiewendeprozessen oftmals verschärft. Wir schlagen vor, auf Erkenntnisse der Geschlechterforschung zurückzugreifen, um Machtverhältnisse und Ungleichheiten zwischen Individuen, in Strukturen und Prozessen sowie bezüglich der Wissensproduktion im Kontext der Energiewende aufzuzeigen, zu analysieren und zu systematisieren. So können Geschlechterperspektiven inhaltlich und konzeptionell als Augenöffner in sozial-ökologischen Transformationen wirksam werden.

Vier Perspektiven auf Ungleichheiten und Machtverhältnisse

Wenn wir von Geschlechterperspektiven sprechen, beziehen wir uns auf die – von Hofmeister et al. (1) im Bereich der gendersensiblen Nachhaltigkeitsforschung entwickelten – vier Perspektiven von Geschlecht. Wir erweitern diese um die Unterscheidung in Geschlecht als Gegenstand und Geschlecht als erweiterte Erkenntnisperspektive.

Die vier Geschlechterperspektiven nehmen Bezug auf verschiedene, historisch gewachsene theoretische Zugänge zur Kategorie Geschlecht und unterscheiden zwischen Differenz-, Struktur-, Prozess- und epistemologischer Kategorie. Die jeweiligen Zugänge verfügen über unterschiedliches Analyse- und Erklärungspotenzial.

1. Geschlecht als Differenzkategorie: Diese Kategorie adressiert Geschlecht auf der biologischen oder sozialen Ebene von Individuen. Im Zentrum stehen dabei Fragen nach Unterschieden und Unterscheidungen, beispielsweise im Hinblick auf Teilhabe oder Repräsentation.

2. Geschlecht als Strukturkategorie: Hier wird die gesellschaftliche Einbettung der Dimension Geschlecht beschrieben und nach den strukturellen Bedingungen ungleicher oder hierarchischer Geschlechterverhältnisse gefragt, wie sie beispielsweise mit der Unterscheidung in eine produktive und reproduktive Sphäre einhergehen.

3. Geschlecht als Prozesskategorie: Die Kategorie versteht Geschlecht aus einer sozial-konstruktivistischen Perspektive und blickt auf die performativen Herstellungsprozesse von Geschlecht und Geschlechtlichkeit im Sinne eines „Doing Gender". (2)

4. Geschlecht als epistemologische Kategorie: Historisch und analytisch liegt diese Kategorie quer zu den anderen Perspektiven. Sie fragt nach den Formen, Bedingungen und Prozessen der Wissensproduktion.

Inhaltlich und forschungspraktisch sind die vier Perspektiven miteinander verwoben und verschränkt, die klare Unterscheidung in vier Geschlechterperspektiven ist also vor allem als analytische zu verstehen. Die Geschlechterperspektiven können um intersektionale Verbindungen mit anderen Ungleichheitskategorien, beispielsweise Klasse, Rasse, Einkommen oder Alter erweitert werden.

Mit der Unterscheidung in Geschlecht als Gegenstand und Geschlecht als erweiterte Erkenntnisperspektive wird es möglich, zwischen expliziten und impliziten Bezügen zu Geschlechterperspektiven zu differenzieren. Explizite Bezüge zur Kategorie Geschlecht lassen sich über das Verständnis von Geschlecht als Gegenstand herstellen, indem vergeschlechtlichte Unterschiede, Verhältnisse, Prozesse und Wissensproduktionen Gegenstand der Forschung sind. Ein Verständnis von Geschlecht als erweiterte Erkenntnisperspektive ermöglicht, über die Kategorie Geschlecht hinaus Macht- und Herrschaftsverhältnisse aufzudecken. Das geschieht, indem die den Geschlechterperspektiven zugeordneten Rationalitäten (Unterscheiden, Ins-Verhältnis-Setzten und Herstellen) als analytische und thematische Aufmerksamkeitsebenen genutzt werden.

Geschlechterperspektiven auf kritische Energiewendeforschung

Seit einigen Jahren ist die Anzahl der wissenschaftlichen Arbeiten und Forschungen, die sich mit Geschlechteraspekten und Gerechtigkeitsfragen zum Thema Energiewende auseinandersetzen, deutlich gewachsen. Zwei Schlüsseltexte aus der machtkritischen und gendersensiblen Forschung zu Energiewende beleuchten und systematisieren wir exemplarisch anhand der Geschlechterperspektiven.

Cornelia Fraune (3) beschäftigt sich auf Basis einer Literaturrecherche sowie eigener empirischer Untersuchungen mit geschlechtsspezifischen Machtverhältnissen und Ungleichheiten im Kontext der Bürger*innenbeteiligung im Bereich erneuerbarer Energien. Die Studie bezieht sich im Wesentlichen auf Geschlecht als Gegenstand und erläutert geschlechts- und einkommensspezifische Unterschiede in der Bürger*innenbeteiligung – sowohl was die finanzielle Teilhabe als auch die Teilhabe an Partizipations- und Entscheidungsprozessen (Geschlecht als Differenzkategorie) betrifft. Fraune bleibt jedoch nicht auf der Ebene individueller oder biologischer Begründungen, sondern erläutert die geschlechtsspezifischen Unterschiede unter Berücksichtigung sozialer, ökonomischer, kultureller und institutioneller Faktoren als strukturelle und gesellschaftlich hergestellte Geschlechterverhältnisse (Geschlecht als Strukturkategorie). Dabei zeigt sie auf, dass die genderorientierte Energieforschung, ausgehend von der Analyse von Geschlechterverhältnissen, sukzessive auch auf die Analyse von Machtverhältnissen und intersektionale Perspektiven ausgeweitet wurde. Darüber hinaus verweist Fraune auf die gesellschaftliche und dynamische Herstellung von Geschlechterverhältnissen (Geschlecht als Prozesskategorie). Mit der Kritik an einem einseitigen Fokus der Energiewendeforschung auf Technologien, Innovation und ökonomisches Wachstum adressiert Fraune Geschlecht auch als erweiterte Erkenntnisperspektive: Die Energiewende ziele nicht nur auf einen technologischen, sondern auch auf einen gesellschaftlichen Wandel – die Forschung zu erneuerbaren Energien müsse deshalb notwendigerweise auch sozialwissenschaftliche Perspektiven integrieren (Geschlecht als epistemologische Kategorie).

> **„ Die Energiewende zielt nicht nur auf einen technologischen, sondern auch auf einen gesellschaftlichen Wandel – die Forschung zu erneuerbaren Energien muss deshalb auch sozialwissenschaftliche Perspektiven integrieren. "**

Benjamin Sovacool untersucht in seiner Studie (4) Literatur aus den Bereichen Geografie und politische Ökologie, die sich mit dem Ausbau erneuerbarer Energien, aber auch breiteren Strategien der Klimafolgenanpassung beschäftigt. Der Autor blickt dabei kritisch auf die den Transformationsprozessen eingeschriebenen Machtverhältnisse. Für die Systematisierung der Studien nutzt Sovacool einen Analyserahmen aus der politischen Ökologie, der den Übergang hin zu einer kohlenstoffarmen Zukunft anhand folgender Prozesse beschreibt: Aneignung von

Land oder Ressourcen (Enclosure), Ausschluss durch ungerechte Planung (Exclusion), Zerstörung der Natur (Enchroachment) und Verfestigung von Ungleichheit oder Vulnerabilität (Entrenchment). Im Hinblick auf Geschlecht als Gegenstand verweist Sovacool auf eine Studie, die darlegt, dass im Rahmen lokaler Energiewendeprojekte vergeschlechtlichte Rollen und Normen zur Benachteiligung von Frauen führen können (Geschlecht als Differenzkategorie). Auf der Ebene von Geschlecht als erweiterte Erkenntnisperspektive gibt es demgegenüber zahlreiche Anschlussmöglichkeiten. Mit Blick auf die Verfestigung und Verschärfung von Ungleichheit oder Vulnerabilität wird vor allem zwischen verschiedenen Gruppen unterschieden (Geschlecht als Differenzkategorie), die Unterscheidung aber über die Einbettung in Strukturen wie Klasse, Wohnort oder ethnische Zugehörigkeit erklärt (Geschlecht als Strukturkategorie). Mit dem Verweis auf spezifische, zum Teil machtförmige und gewaltvolle Transformationsprozesse, beispielsweise Enteignungen, Privatisierungen oder auch Prozesse der Naturbearbeitung, beschreibt Sovacool, wie und wodurch ungleiche Vulnerabilitäten entstehen (Geschlecht als Prozesskategorie).

Energiewende gerechter gestalten!

Die verwendeten Geschlechterperspektiven können helfen, die verschiedenen wissenschaftlichen Beiträge zu Macht und Ungleichheiten in sozial-ökologischen Transformationen zu systematisieren und noch unverbundene Forschungsstränge miteinander zu verbinden. So lassen sich schließlich auch Lücken und blinde Flecken in Forschungen und Debatten zur Energiewende aufdecken. Damit ist jedoch noch lange nicht das Potenzial von geschlechtersensibler Forschung ausgeschöpft: Denn auf der normativen Ebene können geschlechtersensible Forschungsperspektiven dazu beitragen, auf Basis der identifizierten Macht- und Ungleichheitsverhältnisse Ziele einer (geschlechter-)gerechten und sozial-ökologischen Energiewende abzuleiten. So erörtern Bell et al. (5) politische, ökonomische, sozialökologische und technologische Zielstellungen für die Gestaltung feministischer Energiesysteme. Schließlich ermöglicht eine machtkritische und gendersensible Forschung auch auf der operativen Ebene die Ableitung von Transformationswissen für die Verwirklichung einer gerechten Energiewende und leistet damit Konkretes zur gerechteren Gestaltung und Planung der Energiewende. ____ ▬

Anmerkungen

(1) Hofmeister, S. / /Katz, C./ Mölders, T. (2013): Grundlegungen im Themenfeld Geschlechterverhältnisse und Nachhaltigkeit. In: Hofmeister, S. et al. (Hrsg.): Geschlechterverhältnisse und Nachhaltigkeit. Die Kategorie Geschlecht in den Nachhaltigkeitswissenschaften. Berlin, Toronto, S. 33–76.

(2) Fraune, C. (2015): Gender matters: Women, renewable energy, and citizen participation in Germany. In: Energy Research & Social Science 7, S. 55-65.

(3) Sovacool, B.K. (2021): Who are the victims of low-carbon transitions? Towards a political ecology of climate change mitigation. In: Energy Research & Social Science 73, 101916.

(4) Doing Gender beschreibt, wie in alltäglichen Interaktionen Geschlechtlichkeit hergestellt und interpretiert wird, indem auf geschlechtlich klassifizierte Handlungs-, Wahrnehmungs-, und Bewertungsmuster zurückgegriffen wird.

(5) Bell, S. / Daggett, C. / Labuski, C. (2020): Toward feminist energy systems. Why adding women and solar panels is not enough. In: Energy Research & Social Science 68, 101557.

Was gendern Sie am liebsten?

a) Das, wovon es viele braucht: Feminist*innen.

b) Sozial-ökologische Transformationen aller Art: von Energiewende bis zur Abschaffung des Patriarchats.

Zu den Autorinnen

a) Theresa Herdlitschka ist wiss. Mitarbeiterin an der ARL. Sie beschäftigt sich vor allem mit sozial-ökologischen Transformationsprozessen und Geschlechterverhältnissen.

b) Katharina Kapitza ist wiss. Mitarbeiterin an der ARL und Sprecherin der Arbeitsgruppe Geschlechterverhältnisse, Nachhaltigkeit, Umwelt und Transformation (GENAU*T) in der Fachgesellschaft Geschlechterstudien. Sie forscht zu Geschlechterverhältnissen, Raum und Nachhaltigkeitstransformationen.

Kontakt

Theresa Herdlitschka, Dr. Katharina Kapitza
ARL – Akademie für Raumentwicklung
in der Leibniz-Gemeinschaft
E-Mail Theresa.Herdlitschka@arl-net.de,
Katharina.Kapitza@arl-net.de

Geschlechtergerechte Stadt- und Raumplanung

Gewissheiten infrage stellen

Feministische Ansätze haben es schwer in den Nachhaltigkeits-, Raum- und Planungswissenschaften. Dabei leuchten sie blinde Flecken aus und ermöglichen erweiterte Perspektiven in Bezug auf das Was und Wie von Transformationsprozessen.

Von Tanja Mölders

▬▬▬Feministische Wissenschaftler*innen und (Planungs-)Praktiker*innen diskutieren seit Ende der 1970er-Jahre die Zusammenhänge von Raum und Gender. Die Kritik an androzentrischen Perspektiven auf (Stadt-)Räume und ihre Planung lässt sich nach Sandra Huning in vier Phasen einteilen. (1) Auch wenn diese Abgrenzung keine strikte und nicht immer eindeutig ist, kommen doch unterschiedliche feministische Anliegen und unterschiedliche Planungsverständnisse darin zum Ausdruck: Eine frühe Phase des „radikalen Aufbruchs", in der ein grundsätzliches gesellschaftliches Umdenken in Bezug auf geschlechtsspezifische räumliche Zuweisungen und Aneignungsmöglichkeiten gefordert wurde. Eine Phase der „Entradikalisierung" und „Sektoralisierung" in der unterschiedliche planerische Handlungsfelder (z. B. Verkehrs- oder Freiraumplanung) in den Blick genommen und pragmatische, an der Praxis orientierte Forderungen formuliert wurden. Eine Phase der „Etablierung und Verunsicherung", in der die Erfolge feministischer Stadt- und Planungskritik kritisch reflektiert (z. B. die Stabilisierung von Geschlechterstereotypen im Zuge der sogenannten Angstraumdebatte) und weitere Forschungs- und Handlungsbedarfe formuliert wurden. Schließlich begann mit der Übersetzung des Leitprinzips Gender Mainstreaming in die Planung das „Gender Planning" als vierte Phase feministischer Auseinandersetzungen mit (städtischen) Räumen. Sie ist geprägt von einer Prozessorientierung und dem Versuch, die unterschiedlichen Lebensrealitäten von unterschiedlichen Frauen und Männern planerisch aufzugreifen, um allen größtmögliche Lebenschancen und Entfaltungsmöglichkeiten zu bieten. Ein wichtiges Ergebnis dieser Phase sind die zahlreichen Leitfäden und Kriterienkataloge zur Integration von Gender-Aspekten in die Stadtplanung. (2) Solcherart Empfehlungen sind von hoher planungspraktischer Relevanz und verbinden sich mit planerischen Ansätzen wie „Die Stadt der kurzen Wege" oder „Nutzungsmischung". Sie sollen nicht nur Beiträge zu einer sozialen, geschlechtergerechten Stadtentwicklung leisten, sondern städtische Räume sozial-ökologisch zukunftsfähig und damit nachhaltig gestalten.

De jure, aber nicht de facto nachhaltig

Verbindungen zwischen Maßnahmen und Kriterien des Gender Plannings und der nachhaltigen Stadt- und Raumentwicklung werden in feministischen Beiträgen zu Raum und Gender explizit thematisiert. So stellen „Nachhaltigkeit und Ressourcenschutz" Gender-Kriterien im Berliner Handbuch für Gender Mainstreaming in der Stadtentwicklung dar. Gemeint ist damit die größtmögliche Ausnutzung von passiven und nachhaltigen Ressourcen (z. B. Flächen und Rohstoffen).

Umgekehrt wird in den Debatten zur nachhaltigen Stadt- und Raumentwicklung jedoch nur selten Bezug auf feministische Ansätze genommen. Vielmehr werden die im Kontext geschlechtergerechter Planung etablierten Konzepte vielfach unter dem Etikett der „guten Planungspraxis" subsumiert. Damit werden nicht nur die Kämpfe und Verdienste feministischer Planer*innen unsichtbar gemacht, sondern es besteht zudem die Gefahr, dass das macht- und herrschaftskritische transformative Potenzial feministischer Stadt- und Planungskritik im Zuge des Mainstreaming-Prozesses verloren geht.

Aktuelle sozial-ökologische Krisenphänomene wie der Verlust an Biodiversität, der Klimawandel oder die Coronapandemie zeigen, dass unsere Städte keineswegs nachhaltig gestaltete Räume sind. Daran ändert auch die Tatsache nichts, dass räumliche Planung und Entwicklung de jure (Raumordnungsgesetz, ROG, und Baugesetzbuch, BauGB) der Leitvorstellung einer nachhaltigen Raumentwicklung verpflichtet sind. Denn de facto widersprechen viele Planungen – wie die Ausweisung von neuen Baugebieten, Straßenausbau oder die zunehmende Kommerzialisierung öffentlicher Räume – dieser Leitvorstellung. Das liegt nicht zuletzt daran, dass inhaltlich unbestimmt bleibt, was unter einer nachhaltigen Raumentwicklung zu verstehen ist, die sich dem inter- und intragenerationellen Gerechtigkeitspostulat ebenso verpflichtet wie der integrativen Betrachtung unterschiedlicher, auch konfligierender Raumnutzungsansprüche. Dabei könnte die konsequente und systematische Bezugnahme auf die Erkenntnisse und Empfehlungen feministischer (Raum-)Planungsdebatten wesentliche Beiträge zu einer Konkretisierung und Qualifizierung nachhaltiger Raumentwicklung leisten.

Räume relational verstehen und gestalten

Die zukünftige Gestaltung von Räumen hängt maßgeblich davon ab, welches Raumverständnis der Planung zugrunde gelegt wird. Sind Räume »Behälter«, das heißt materiell-physische Gefäße, die die Bedingungen für die sozialen Prozesse festschreiben? Oder sind Räume allein das Ergebnis sozialer Prozesse und unabhängig von materiellen und damit auch natürlichen Gegebenheiten? In den Raumwissenschaften wird diese Debatte unter den Stichworten Containerraum versus Sozialraum geführt. Dabei setzt sich sowohl in der räumlichen Planung als auch in der Nachhaltigkeits- und Transformationsforschung zunehmend ein Verständnis durch, das als dritte Option zwischen diesen beiden Positionen zu vermitteln versucht: Ein sogenanntes relationales Raumverständnis verbindet Fragen nach Materialität mit sozial-räumlichen Aspekten und ermöglicht damit eine sozial-ökologische Perspektive auf Räume. (3)

Die Integration von sozialen Aspekten der Raumgestaltung und -nutzung in alle Phasen des Planungsprozesses stellt für die Planung eine besondere Herausforderung dar. Denn während die Umgestaltung von baulicher Substanz einen selbstverständlichen Zugang im raumplanerischen Instrumentarium darstellt, gilt dies für die sozial-räumliche (Be-)Deutung von Räumen nicht im gleichen Maße. Zwar werden im Rahmen von Planungsprozessen Partizipationsverfahren durchgeführt, die um die Integration unterschiedlicher sozialer Perspektiven auf Räume bemüht sind. Doch wenn es um die substanzielle, also die gegenstandsbezogene Dimension von Räumen geht, erweist es sich als deutlich schwieriger, Räume als Produkte und Prozesse gesellschaftlicher Aushandlungen und Zuweisungen zu begreifen. Das Beispiel der Grünflächenplanung macht diese Verbindung deutlich: Urbane Grünflächen sind sowohl grüne Infrastrukturen, die der Bildung von Hitzeinseln entgegenwirken, den Abfluss von Regenwasser ermöglichen und einen Lebensraum für Tier- und Pflanzenarten darstellen, als auch soziale Infrastrukturen, in denen Menschen sich begegnen, miteinander in Austausch treten und sich erholen. Beide Funktionen sind unmittelbar miteinander verbunden und urbane Grünflächen somit ein sozial-ökologisches Phänomen per se.

Im Berliner Handbuch für Gender Mainstreaming in der Stadtentwicklung wurden Kriterien zur Freiraumplanung formuliert, die deren sozial-räumliche Funktionen herausstellen (z. B. Gestaltung öffentlicher Räume als politische Orte der demokratischen und gesellschaftlichen Auseinandersetzung und der Integration). Sie sind daher darauf ausgerichtet, die Aufenthaltsqualität der Räume zu erhöhen (z. B. Staffelung von Räumen und Funktionen je nach Nutzungen und Nutzungsintensität). Solche Kriterien im Zuge der aktuellen Debatten um klimaangepasste und resiliente Städte zu berücksichtigen, wäre ein wichtiger Schritt auf dem Weg zu einer nachhaltigen Stadtentwicklung.

Transformationsprozesse planen: Was ändert sich für wen?

Transformationsprozesse mitzugestalten, bedeutet zunächst, Transformationserfordernisse zu identifizieren und zu analysieren (Systemwissen), um auf dieser Basis Alternativen zu entwickeln (Zielwissen) und schließlich danach zu tragen, wie sich diese Alternativen realisieren lassen (Transformationswissen). Für alle drei Schritte hält die räumliche Planung eine Reihe an Methoden und Instrumenten bereit. Dazu zählen sowohl formelle Pläne und Programme, in denen normative Setzungen über zukünftige räumliche Entwicklungen formuliert werden, als auch informelle Instrumente wie Reallabore, in denen Akteur*innen alternative Zukunftsentwürfe experimentell erproben. (4)

Die Planung von Transformationsprozessen bedarf – was den Modus der Steuerung angeht – einen gestaltenden Staat, der als zentraler Akteur die Koordination und Integration (zukünftiger) Entwicklungen übernimmt. (5) In dieser Top-down-Orien-

> **Es besteht die Gefahr, dass das macht- und herrschaftskritische transformative Potenzial feministischer Stadt- und Planungskritik im Zuge des Mainstreaming-Prozesses verloren geht.**

tierung verbindet sich die Planung von Transformationsprozessen mit der Strategie des Gender Mainstreaming. Jedoch wird dabei die Frage, ob und inwiefern sich Transformationsprozesse unterschiedlich auf die gesellschaftlichen Geschlechterverhältnisse auswirken, ob Ungleichheitslagen verstärkt oder reduziert und Beiträge zur Geschlechtergerechtigkeit geleistet werden, bislang nur unzureichend gestellt. Dabei verdeutlichen beispielsweise die Gender-Kriterien des Berliner Handbuchs für den Bereich Mobilität, dass Fragen der Erreichbarkeit und der Wegeführung grundlegend auf strukturelle Unterschiede in den Geschlechterverhältnissen verweisen: Aus einer Perspektive, die Arbeit nicht nur als (sozial männliche) Erwerbsarbeit definiert, sondern auch die (sozial weibliche) unbezahlte Reproduktionsarbeit in den Blick nimmt, ergibt sich die Anforderung, unterschiedliche zeitliche Rhythmen (Arbeitszeit, Familienzeit etc.) sowie die komplexe Vernetzung von zu erreichenden Zielen (Kita, Einkaufsmöglichkeiten, Spielplatz etc.) zu integrieren. Gleichzeitig sind die genannten Gender-Kriterien dezidiert auf eine nachhaltige Mobilität ausgerichtet, indem sie insbesondere den Fuß- und Radverkehr sowie den ÖPNV adressieren. Damit leisten sie selbst einen Beitrag zur Verkehrswende und lenken die Aufmerksamkeit auf die Frage, was sich im Zuge dieses raumwirksamen Transformationsprozesses für wen ändert.

Transformativ planen: Wer ändert was?
Die Planung von Transformationsprozessen ist jedoch nicht zwangsläufig top-down orientiert. Vielmehr lässt sich, der Differenzierung des Wissenschaftlichen Beirats der Bundesregierung Globale Umweltveränderungen (WBGU) von Transformationsforschung und transformativer Forschung folgend, auch eine Transformationspla-

nung von einer transformativen Planung unterscheiden. (5) Während Transformationsplanung vor allem der Koordination und Integration von Transformationsprozessen dient, initiiert und befördert transformative Planung Transformationsprozesse aktiv. Diese Aufgabe nimmt sie wahr, indem sie innovative Instrumente zum Einsatz bringt und innovativen Akteur*innen Möglichkeiten einräumt, ihre räumlichen Visionen zu artikulieren und zu erproben. Damit richtet transformative Planung den Blick insbesondere auf Akteur*innen jenseits staatlicher Zuständigkeiten. Aber auch Stadt- und Raumplaner*innen aus der öffentlichen Verwaltung können die Rolle von Pionier*innen des Wandels einnehmen.

Die Frage, wer welche räumlichen Transformationsprozesse zu initiieren vermag, wer also mit der entsprechenden Gestaltungsmacht ausgestattet ist, um Räume – und gegebenenfalls auch die Strukturen, die sie hervorbringen – zu verändern, ist eine zentrale Frage der feministischen (Raum-)Planung. Transformative Planung in diesem Sinne als feministisches Projekt zu begreifen, bedeutet, Gewissheiten infrage zu stellen – und zwar Gewissheiten, die in der Ko-Konstruktion von räumlichen und vergeschlechtlichten Kategorisierungen (z. B. öffentlich versus privat) zum Ausdruck kommen. Diesem Anspruch folgen beispielsweise queerfeministische Arbeiten zu Raum, Geschlecht und Planung, die verdeutlichen, dass und wie temporäre Raumaneignungen und -umdeutungen einen Beitrag dazu leisten, Lebensentwürfe jenseits des Mainstreams im Raum sichtbar zu machen. Solche Arbeiten stärker als bislang in die Praxis des Gender Plannings zu integrieren, würde bedeuten, macht- und herrschaftskritische Perspektiven von Gender Mainstreaming in der Stadtentwicklung zu stärken.

Erweiterte Perspektiven auf das Was und das Wie

Nachhaltige Entwicklung ist – insbesondere für viele Akteur*innen aus der Praxis – nach wie vor ein abstrakter Begriff. Deshalb sollte die Kategorie Raum sowie die Theorie und Praxis von Planung stärker in den Nachhaltigkeitsdiskurs integriert werden. Denn Raum ermöglicht, sozial-ökologische Verhältnisse konkret sichtbar zu machen. Planung ermöglicht, diese Verhältnisse umzugestalten. Feministische Ansätze sind in den Nachhaltigkeits-, Raum- und Planungswissenschaften gleichermaßen marginalisiert. Dabei eröffnen sie erweiterte Perspektiven sowohl in Bezug auf das Was als auch in Bezug auf das Wie von Transformationsprozessen. Solcherart Bezüge herzustellen und dabei die Kategorie Geschlecht als kritische Analyse- und Gestaltungsperspektive zu nutzen, muss unbedingt Teil einer (Re-)Vision feministischer Nachhaltigkeitsdebatten sein. ⎯⎯

Literatur

(1) Huning, S. (2018): Feminismus und Stadt. In: Rink, D. / Haase, A. (Hrsg.): Handbuch Stadtkonzepte. Opladen, Toronto, S. 107-127.

(2) Vgl. z. B. https://stadtentwicklung.berlin.de/soziale_stadt/gender_mainstreaming/download/kriterien_deutsch.pdf und www.digital.wienbibliothek.at/wbrup/download/pdf/4170527?originalFilename=true

(3) Levin-Keitel, M. / Mölders, T. / Othengrafen, F. / Ibendorf, J. (2018): Sustainability Transitions and the Spatial Interface: Developing Conceptual Perspectives. In: Sustainability, Jg. 10, H. 6, 1880.

(4) Mölders, T. / Levin-Keitel, M. (2022): Umkämpfte Wissensformen der räumlichen Transformation. Zur Rolle und Bedeutung planerischen Wissens. In: Nachrichten der ARL, 52. Jg., H. 1, S. 27-30.

(5) Mölders, T. (2022): Nachhaltige Raumentwicklung revisited. Von Transformationsplanung und transformativer Planung. PLANERIN, H. 6, S. 45f.

Was gendern Sie am liebsten?
Den Mainstream. Da wird schnell deutlich, wie schwierig es ist, Gewissheiten in Frage zu stellen.

Zur Autorin
Tanja Mölders ist Umwelt- und Nachhaltigkeitswissenschaftlerin. Seit 2023 ist sie Professorin für Umweltplanung und Transformation an der Albert-Ludwigs-Universität Freiburg. Zuvor war sie wiss. Referentin an der ARL – Akademie für Raumentwicklung in der Leibniz-Gemeinschaft und Juniorprofessorin für Raum und Gender an der Leibniz Universität Hannover.

Kontakt
Prof. Dr. Tanja Mölders
Albert-Ludwigs-Universität Freiburg
Fakultät für Umwelt und
Natürliche Ressourcen
E-Mail tanja.moelders@upt.uni-freiburg.de

REVOLUTION

Reproduktive Tätigkeiten des Sorgens und Sich-
kümmerns um andere Menschen und die Natur
wurden viel zu lange den Frauen zugeschoben.
Dabei sind sie keine Privatsache, sondern Grund-
voraussetzungen für das Funktionieren von Gesellschaften. Transformationspfade müssen daher über
eine solidarische Lebensweise der Geschlechter
führen. – Was lehrt uns die feministische Postwachstumsperspektive? Welches Potenzial hat
Frauenförderung in Umweltverbänden? Was zeichnet das Konzept der „Ökologischen Männlichkeiten" aus?

Frauenförderung in Umweltverbänden

Der geteilte Himmel

Im hauptamtlichen Naturschutz arbeiten deutlich mehr Frauen als Männer. Das spiegelt sich jedoch noch immer nicht ausreichend bei der Besetzung von Führungspositionen wider. Der Widerstand dagegen wächst und endlich tut sich was in Richtung verbandsinterner Geschlechtergerechtigkeit.

Von Anna Geuchen

▬▬▬▬Bundesumweltministerin Steffi Lemke verkündete zum Weltfrauentag am 8. März 2022 eine „feministische Umweltpolitik". Auf der wenig später stattfindenden 66. Frauenrechtskonvention der Vereinten Nationen unterstrich Staatssekretärin Bettina Hoffmann die Äußerungen der Ministerin noch einmal und betonte die zentrale Bedeutung der Berücksichtigung von Geschlechtergerechtigkeit für die Umsetzung einer effizienten Umweltpolitik. (1) Mit diesen Aussagen wird ein entscheidendes Signal zur Platzierung der Zusammenhänge von Natur und Geschlecht auf der nationalen und internationalen politischen Agenda mit dem Ziel gesendet, die Biodiversitätskrise als eine insbesondere für Frauen schwere Krise anzuerkennen. So sollen Gegenmaßnahmen und Unterstützung vor Ort ermöglicht werden. Der zunehmende Artenschwund durch die weltweite Zerstörung und Verschmutzung unserer Ökosysteme stellt eine der größten Bedrohungen der Menschheit dar. Dabei sind Frauen von den Folgen überproportional stärker betroffen als Männer, wodurch sich die bestehenden sozialen Ungleichheiten aufgrund struktureller gesellschaftlicher Benachteiligung noch verstärken. Gleichzeitig liegt der Schlüssel politischer Lösungen für wirksamen Biodiversitätsschutz und Erhalt der Natur gerade bei Frauen, da sie eine zentrale Rolle in den Bereichen Landwirtschaft, Ernährung und Gesundheit spielen: Weltweit arbeiten überwiegend Frauen in der Landwirtschaft und sind für die Ernährung der Familie verantwortlich. Sie verfügen über ein breites Wissen der regionalen biologischen Ressourcen. Untersuchungen haben gezeigt, dass nicht nur Frauen nachhaltiger leben und konsumieren als Männer, sie nutzen auch die biologische Vielfalt weitaus gemeinwohlorientierter. Aufgrund dieser Fähigkeiten sind Frauen entscheidende Akteurinnen für die sozial-ökologische Transformation. Sie werden jedoch weltweit durch die Auswirkungen der Biodiversitätskrise zunehmend in ihrer Existenz bedroht.

Auswirkungen struktureller Benachteiligungen

Dennoch wird bei Verhandlungen zum Schutz der Artenvielfalt die zentrale Rolle von Frauen – als Triebkräfte für Veränderungen und im Umgang mit natürlichen Ressourcen – häufig übersehen. Das liegt vor allem daran, dass Frauen weltweit im Vergleich zu Männern deutlich weniger Land besitzen und signifikant weniger in Entscheidungsprozessen vertreten sind. So sind Frauen sowohl im hauptamtlichen wie im ehrenamtlichen Naturschutz in Deutschland in Führungspositionen deutlich unterrepräsentiert und besitzen daher einen geringeren Wirkungsgrad bei politischen Entscheidungen zum Erhalt und der Erweiterung biologischer Vielfalt. Die Corona-Krise hat noch einmal eindrücklich die Ursachen der strukturellen Benachteiligung der Repräsentanz von Frauen verdeutlicht: Die Expertise weiblicher hauptamtlicher und ehrenamtlicher Mitarbeiterinnen reduziert sich tendenziell durch die Verlagerung der vormals öffentlichen Tätigkeiten ins Homeoffice und der dort anfallenden Mehrbelastung durch familiäre Care-Arbeit. (2) Dieser Aspekt ist vor allem im Hinblick auf den Erhalt und die Förderung (junger) Frauen in Nichtregierungsorganisationen nicht zu unterschätzen und könnte durch das entsprechende Bewusstsein von Führungskräften stärker flankiert werden. Gleichzeitig haben Studien gezeigt, dass es im internationalen Vergleich vor allem von Frauen geführte Regierungen sind, die eine durchweg erfolgreichere Strategie und politische Führung im Umgang mit der Covid-19-Pandemie angewandt haben. (3) Es ist bemerkenswert, dass bei aller struktureller Benachteiligung vor der und während der Corona-Krise gerade die Frauen durch erfolgreiches Führen und politisches Handeln sichtbar werden. Dieses Momentum sollte nicht verloren gehen, sondern Anlass sein, die Unterstützung und Förderung von Frauen in Führungspositionen der Umweltverbände konzeptionell und institutionell zu verankern, um zu einer nachhaltig wirksamen Gleichberechtigung beizutragen. Natürlich gilt es, insbesondere auch die zukünftige Generation von Expert*innen und Engagierten im Naturschutz miteinzuschließen.

Die Diskrepanz zwischen der Betroffenheit und der Teilhabe an politischen Entscheidungen wurde als erster wichtiger Entwicklungsschritt bei der 1994 in Kraft getretenen Konvention über die Biologische Vielfalt (Convention of Biological Diversity, CBD) adressiert und die wichtige Rolle von Frauen bei der Erhaltung und nachhaltigen Nutzung der biologischen Vielfalt in der Präambel genannt. Auf der 9. Vertragsstaatenkonferenz der CBD wurde 2008 ein Gender-Aktionsplan erstellt, der als zentrale Maßnahmen die Integration einer geschlechtsdifferenzierenden Perspektive in die CBD sowie die Stärkung der politischen Teilhabe von Frauen vorgibt. Der aktualisierte Gender-Aktionsplan (2015 – 2020) ist ein deutlicher Fortschritt im Verhältnis zu seinen vorherigen Angaben, da er viele konkrete Ziele nennt, darunter die Einbeziehung einer Gender-Perspektive in die Umsetzung der Konvention und die damit verbundene Arbeit der Vertragsparteien und des Sekretariats; die Förderung der Gleichstellung der Geschlechter bei der Erreichung der Ziele der Konvention sowie das Aufzeigen des Nutzens von Gender-Mainstreaming bei Maßnahmen zur Erhaltung der biologischen Vielfalt.

Zeit zu handeln

Auch in den Umweltorganisationen Deutschlands wird die Frage von politischer Teilhabe und Mitbestimmung von Frauen immer deutlicher artikuliert. Mit 70 Prozent Frauenanteil unter den Beschäftigten, ist die Arbeit der Umweltverbände maßgeblich vom hauptamtlichen Engagement von Frauen geprägt. (4) Sämtliche administrativen, konzeptionellen, fachlichen und koordinierenden Erfolge gehen auf die Qualifikationen der Mitarbeiterinnen zurück. Allerdings findet sich diese mehrheitlich weibliche Prägung nicht in Führungspositionen wieder: Nur 30 Prozent werden von Frauen besetzt. (5) Die mangelnde Repräsentanz weiblicher Führungskräfte in Umweltverbänden bedeutet einerseits, dass Frauen als Expertinnen weniger wahrgenommen und tendenziell unsichtbar werden, wenn es um öffentliche Stellungnahmen zu Waldpolitik, nachhaltiger Landwirtschaft, Pestizideinsätzen oder dem Abbau biodiversitätsschädlicher Subventionen geht. Andererseits sind sie selten Entscheiderinnen in Politikbereichen, die sie aufgrund ihres Geschlechts vergleichsweise stärker betreffen als Männer. (6) Die Folge ist ein Ungleichgewicht des politischen Gestaltungs- und Wirkungsgrads zwischen den Geschlechtern, der sich laut verschiedener Studien entsprechend nachteilig auf eine nachhaltige Naturgestaltung und Naturnutzung auswirkt. (7)

> **Gerade in Umweltverbänden ist die gleichberechtigte Teilhabe von Frauen Voraussetzung und Leitplanke für eine nachhaltige und resiliente Entwicklung unserer Gesellschaft.**

Gerade in Umweltverbänden, die sich in ihren vielfältigen Aktivitäten von lokaler bis nationaler Ebene für das gemeinsame Ziel der sozial-ökologischen Transformation einsetzen, ist die gleichberechtigte Teilhabe von Frauen Voraussetzung und Leitplanke für eine nachhaltige und resiliente Entwicklung unserer Gesellschaft. Konsequenterweise sollte die Verpflichtung Deutschlands zur globalen Nachhaltigkeitsstrategie (Agenda 2030) auch verbandsintern integriert werden, um in insbesondere das Ziel 5 „Gleichstellung der Geschlechter" der Ziele für nachhaltige Entwicklung (Sustainable Development Goals, SDGs) zu erfüllen.
Der Deutsche Naturschutzring (DNR) sieht sich als Dachverband in der Pflicht und in der Verantwortung, der Gleichstellung verbandspolitisch Rechnung zu tragen, und hat diese als Grundsatz in seiner Satzung verankert. Darüber hinaus trägt er dazu bei, weibliche Expertinnen sichtbar zu machen. Im vergangenen Jahr hat der DNR die Aktion Gender Champions unterstützt (9) und sich verpflichtet, nicht mehr

an rein männlich besetzten Podien („all-male Panels") teilzunehmen und bei der Besetzung eigener Veranstaltungen ebenfalls auf eine gleichberechtigte Teilnahme von Frauen und Männern zu achten.

In Zusammenarbeit mit dem Bundesumweltministerium führte der DNR eine Konferenz zur Repräsentation von Klimaexpertinnen durch. Die anschließenden Workshops mit über 100 Teilnehmerinnen zeigten vor allem drei wichtige Aspekte:

1. Es gibt in den Umweltverbänden eine enorme Anzahl exzellenter und erfahrener Expertinnen.

2. Die Vernetzung mit politischen Institutionen, aber auch mit den umweltpolitischen und weiteren zivilgesellschaftlichen Organisationen untereinander fördert die Repräsentation von Frauen.

3. Als einschränkende Bedingung: Frauen müssen sich aktiv selbstständig in ihren Verbandsstrukturen organisieren. Denn in vielen Verbänden fehlt es noch an Förderstrukturen, sodass außerordentliche Veranstaltungen, die über die eigentlichen Fachthemen hinausgehen, vom freiwilligen Engagement der Frauen abhängig sind, die sie zusätzlich zu ihrer Arbeitszeit organisieren.

Um Gleichberechtigung auch in den Führungsstrukturen von Umwelt- und Naturschutzverbänden zu erreichen, ist es daher wichtig, sie nicht vom ehrenamtlichen Einsatz abhängig zu machen, sondern sie formal mit dem Ziel des Aufbaus fester Strukturen zu institutionalisieren. Auf seiner letzten Mitgliederversammlung hat der DNR diesem Anliegen durch eine Satzungsänderung Rechnung getragen, wodurch das Präsidium zukünftig divers und möglichst paritätisch besetzt werden muss. Mindestens 40 Prozent der Präsidiumsmitglieder müssen weiblich sein. Wird dieses Quorum nicht erreicht, verringert sich die Anzahl der männlichen und diversen Beisitzer*innen entsprechend.

Dabei geht es nicht darum, männlichen Akteuren ihre langjährige Erfahrung und Expertise abzusprechen oder ihre Teilhabe qua ihres Geschlechts geringzuschätzen. Es geht um Gleichberechtigung und das Ermöglichen von Potenzialen ohne Einschränkungen. Denn die Bewältigung der Biodiversitätskrise schaffen wir nur gemeinsam.

Das SUVE-Prinzip

Neben den genannten möglichen Weichenstellungen zur Erlangung von Geschlechtergerechtigkeit gibt es weitere, von Bedarf und Kapazität abhängige Möglichkeiten, die hier kurz skizziert werden sollen:

☐ Stärkung durch Personalentwicklung: Gezielte Weiterbildungen und Förderungsprogramme für Frauen (fachlicher Expertise sowie Präsentations- und Führungstraining). Aufbau und Etablierung von Strukturen für begleitendes Mentoring in Organisationen. Ansprechpartner*innen für die individuellen Bedürfnisse schaffen.

☐ Unterstützung bei der Vereinbarkeit von Beruf und Familie für Haupt- und Ehrenamt („Gender Care Gap"). Abbau struktureller Hindernisse wie Genderstereotypen sowie die schlechtere Bezahlung von Frauen („Gender Pay Gap").

☐ Vernetzung: Möglichkeiten schaffen, dass Expertinnen sich in der Öffentlichkeit präsentieren können, um sich untereinander und mit politischen Entscheidungsträger*innen vernetzen zu können. Dabei können digitale Formate eine Beteiligung potenziell erhöhen.

☐ Einbeziehung männlichen Führungspersonals: Problembewusstsein und Sensibilisierung bei männlichen Vorgesetzten und Abteilungsleitern schärfen, etwa durch Bekanntmachen der bestehenden Gleichstellungsstrategien des Bundes und des Bundesumweltministeriums.

Die Rolle von Frauen für den Erhalt der Natur wird durch Maßnahmen der stärkeren Einbindung immer mehr berücksichtigt. Diese positive Entwicklung gilt es jetzt zu verstetigen und fest zu institutionalisieren, um eine doppelte Stärkung zu erreichen für Geschlechtergerechtigkeit und für einen nachhaltigen Schutz unserer Lebensgrundlagen. ▬

Anmerkungen

(1) www.bmuv.de/pressemitteilung/umweltpolitik-und-geschlechtergerechtigkeit-gehoeren-zusammen-bmuv-wirbt-bei-den-vereinten-nationen-fuer-feministische-umweltpolitik.
(2) www.gendercc.net/fileadmin/inhalte/dokumente/2_Home/20200518_Diskussionspapier_CoronaKlima-Gender.pdf.

(3) https://ssrn.com/abstract=3617953 und www.progressives-zentrum.org/gender-equality-and-the-pandemic/

(4) https://fairsharewl.org/de/

(5) ebda. So sind die fünf größten Umweltverbände Deutschlands in den Führungspositionen von Männern besetzt, der DNR, Dachverband von 100 Umwelt, -Tier- und Naturschutzorganisationen, hatte in den 70 Jahren seines Wirkens noch keine Präsidentin.

(6) Vgl. u. a. Röhr, U. / Alber, G. / Göldner, L. (2018): Gendergerechtigkeit als Beitrag zu einer erfolgreichen Klimapolitik: Forschungsreview, Analyse internationaler Vereinbarungen, Portfolioanalyse", Umweltbundesamt, S. 152.

(7) James, R. et al. (2021): Conservation and natural resource management: Where are all the women? In: Oryx, 55(6), S. 860-867.

(8) Infos unter: https://genderchampions.com/

Was gendern Sie am liebsten?

Gendern ist eine viel zu ernste Sache, als dass man sie allein den Männern überlassen könnte.

Zur Autorin

Anna Geuchen, Politikwissenschaftlerin, ist Referentin des Präsidiums beim DNR und be-

arbeitet verbandspolitische sowie gesamtgesellschaftliche Themen zur sozial-ökologischen Transformation wie Nachhaltigkeit, Governance und Gender.

Kontakt

Anna Geuchen
Deutscher Naturschutzring e. V. (DNR)
E-Mail anna.geuchen@dnr.de

Feministische Postwachstumsperspektiven

Sorgen für das Lebensnotwendige

Einen echten sozial-ökologischen Wandel wird es nur durch eine Ökonomie geben, die nicht auf Ausbeutung basiert. Nur mit einer radikal verkürzten Lohnarbeitszeit für alle lassen sich gleichzeitig Klimakrise und Naturzerstörung eindämmen und Geschlechtergerechtigkeit herstellen.

Von Andrea Vetter

—————Eine feministische Postwachstumsperspektive zeigt auf, was verändert werden muss, wenn die sozial-ökologische Transformation gelingen soll: die Wirtschaft. Die Degrowth- oder Postwachstumsdiskussion steht insgesamt für globale ökologische Gerechtigkeit, gutes Leben für alle sowie wachstumsunabhängige Institutionen und Infrastrukturen. (1) Im Gegensatz zur hegemonialen Position der ökologischen Modernisierung, wie sie beispielsweise die grünen Parteien und zahlreiche Vertreter*innen des Diskurses um die große Transformation in Europa innehaben, vertreten Degrowth-Denker*innen die Ansicht, dass es nicht möglich ist, Wirtschaftswachstum von Ressourcenverbrauch und CO_2-Emissionen zu entkoppeln. Alle Versuche, die Klimakrise oder das Artensterben innerhalb der kapitalistischen Marktwirtschaften zu lösen, sind seit den 1970er-Jahren gescheitert. Zahlreiche Studien belegen, dass eine absolute Entkopplung – das Bruttoinlandsprodukt (BIP) steigt an und der Ressourcenverbrauch sinkt gleichzeitig – weltweit nicht geschieht und in absehbarer Zeit auch nicht eintreten wird.

Feministische Wachstumskritiker*innen haben zudem seit den 1980er-Jahren überzeugend argumentiert, dass die kapitalistische Marktwirtschaft nicht nur zwingend mit Naturzerstörung einhergeht, sondern grundlegend auf der Ausbeutung und Aneignung von unbezahlter Arbeit sowohl von Natur als auch von Frauen weltweit und von kolonialisierten und rassistisch diskriminierten Menschen in den Ländern des Globalen Südens basiert. (2) Die Lohnarbeit ist nur die Spitze des Eisbergs, der das gesamte Wirtschaften ausmacht. Daher kann auch eine Strategie der Geschlechtergerechtigkeit, die allein auf eine Gleichstellung von Frauen und Queers (3) innerhalb der Lohnarbeit abzielt, nicht für umfassende sozial-ökologische Gerechtigkeit sorgen. Die imperiale Lebensweise der globalen Mittelklassen ist nur durch patriarchale und rassistische Strukturen weltweit möglich. Diese Strukturen selbst gilt es zu verändern – den gesamten Eisberg mit all der unter der Oberfläche oft unsichtbaren informellen Arbeit, Sorgearbeit, Naturproduktivität. Die Erkenntnis aus feministischer Wachstumskritik ist also: Nur eine Wirtschaft jenseits des Wachstums, und das bedeutet höchstwahrscheinlich eine postkapitalistische Wirtschaft, weist Wege hin zu einer solidarischeren Lebensweise für alle Geschlechter.

Sorgearbeit ist keine Privatsache

Wie aber kann eine solche postkapitalistische Wirtschaft aussehen? Eine Degrowth-Perspektive begnügt sich nicht mit Kritik am Bestehenden, sondern fragt nach Visionen für das Zukünftige. Die feministische Postwachstumsdiskussion sieht als Kern einer zukünftigen Postwachstumsgesellschaft eine Wirtschaft, die die Sorge um das Lebensnotwendige ins Zentrum des Wirtschaftens stellt. Das bedeutet eine grundlegende Veränderung der Produktions- und Reproduktionsweisen für Menschen aller Geschlechter. Daher lautet eine zentrale Forderung fast aller Postwachstumsentwürfe: Teilzeit beziehungsweise kurze Vollzeit für alle! Das hieße eine Reduktion der regulären Lohnarbeitszeit auf maximal 20 Stunden pro Woche. Damit wird die notwendige Zeit frei für eine radikale Umverteilung der lebensnotwendigen Sorgearbeiten. Dazu gehören vielfältige Tätigkeiten wie Putzen, Kochen, Aufräumen, Lebensmittel anbauen und verarbeiten, Kinder, kranke und alte Menschen begleiten und versorgen, aber auch Wartung und Reparaturen an Wohnumgebung und Alltagsgeräten. Sorgearbeit umfasst jedoch auch akute Hilfe

⌐

„ Nur eine Wirtschaft jenseits des Wachstums weist Wege hin zu einer solidarischeren Lebensweise für alle Geschlechter. "

bei Lebenskrisen zu leisten, das Leben in Familie, Gemeinschaft und Nachbarschaft zu organisieren, Menschen in selbstständiger Lebensführung zu unterstützen oder zwischenmenschliche Konflikte zu klären.

Wie könnte diese Umverteilung von Sorgearbeit konkret aussehen? Ein wesentlicher Vorschlag dafür ist es, Sorgearbeit aus der Zuschreibung als Privatsache herauszuholen und stattdessen als Commons, aso als innerhalb einer größeren Gemeinschaft gemeinsam zu organisierendes und zu bewältigendes Gemeingut, zu begreifen. (4) Damit verbunden sind Vorschläge auf verschiedenen gesellschaftlichen Ebenen.

Auf der soziokulturellen Ebene – der Ebene der gefühlten alltäglichen Normalität – geht es darum, Sorgearbeit nicht als Aufgabe einer Frau innerhalb einer Kleinfamilie zu begreifen, sondern das Füreinandersorgen jenseits der Herkunftsfamilie als Selbstverständlichkeit zu etablieren und einzuüben: in Nachbarschaften, Wohngemeinschaften, Freundschaftsnetzwerken oder (auch queeren oder multi-generationalen) Wahlverwandtschaften.

Auf materieller Ebene – der von Menschen gestalteten Umgebung – ist dafur ein Umdenken und Umbauen in Stadt- und Regionalplanung und Architektur notwendig: weg von anonymen Single- und Kleinfamilienwohnungen, hin zu sogenannten Cluster-Wohnungen, Mehrgenerationenhäusern, Hausprojekten und Barrierefreiheit – generell zu »commonisch«, das heißt selbst organisierten und bedürfnisorientiert genutzten Gemeinschaftsflächen in jedem Mehrparteienhaus und in allen Quartieren und Dörfern.

Auf der juristischen Ebene – das beinhaltet Verträge, Normierungen, Gesetze aller Art – bedeutet eine Commonisierung von Sorgearbeit einen Rechtsanspruch auf einen kostenlosen Kitaplatz, Freiheit in der Wahl von Kita- und Schulformen, öffent-

liche finanzielle und organisatorische Unterstützung für selbst organisierte Betreu-
ungsangebote sowohl für Kinder als auch für pflegebedürftige Menschen. Commoning bedeutet auch gesetzlich geregelter Vorrang und finanzielle Unterstützung
von nachbarschaftlich oder gemeinschaftlich organisierten Unterstützungsstruk-
turen gegenüber Heimunterbringung in jedem Alter. In der Forschungslandschaft
könnte ein Wandel weg von der Finanzierung allein technischer Lösungsmöglichkeiten hin zur Forschung an sozialen Innovationen eine Transformation hin zu einer
sorgenden Postwachstumsgesellschaft begleiten.

Im Hier und Jetzt anfangen

Eine Postwachstumsperspektive fragt neben der Kritik und der Vision immer auch
nach möglichen Transformationspfaden in eine zukünftige Postwachstumsgesellschaft: Wer soll diese wünschenswerten Veränderungen wie durchsetzen? Dafür
werden in der Postwachstumsdiskussion verschiedene Transformationsstrategien
vorgeschlagen: Freiräume erschaffen und erhalten, Institutionen radikal verändern,
Widerstand leisten und auch andere Geschichten erzählen. Eine feministische Postwachstumsperspektive bezieht sich insbesondere auf die Strategien der Freiräume
und des Widerstands.

Die Veränderungsstrategie der Freiräume bedeutet, sogenannte Nowtopias zu erschaffen und zu erhalten: temporäre oder dauerhafte Orte, Netzwerke und Versor-
gungsstrukturen jenseits der Marktlogik – wie Hausprojekte, Initiativen der Solidarischen Landwirtschaft, Nachbarschaftsnetzwerke oder Klimacamps, an denen
commonische Logiken im Umgang miteinander und mit der Umgebung eingeübt
werden können. Wenn zu wirtschaften bedeutet, sich um das Lebensnotwendige
zu kümmern, füreinander zu sorgen, zu organisieren, zu verteilen, zu verarbeiten,
ist das im Sinne der Freiräume also nicht nur eine Aussage über die Zukunft nach
einer erfolgten Transformation, sondern auch eine Aussage über das Hier und
Jetzt. Es bedeutet, alle Sorgetätigkeiten des täglichen Lebens ernst zu nehmen und
sich zu weigern – soweit das eben möglich ist – sie in den Dienst der Wachstums-
wirtschaft zu stellen und ausbeuten zu lassen. Das Commoning-Muster (5) „(Für-)
Sorge leisten & Arbeit dem Markt entziehen" ist ein Beispiel dafür. Das bedeutet
auch, sein Leben nicht nur damit zu verbringen, Texte über die sozial-ökologische

Transformation zu schreiben, sondern transformativ zu leben. Nowtopias nehmen die Gegenwart mindestens genauso wichtig wie die Zukunft – als Räume, in denen wir jetzt füreinander sorgen. Auch damit denken wir in die Zukunft, aber mit einem anderen Vektor: Es geht nicht darum, Pläne für die Welt unserer Enkelkinder zu entwerfen, sondern durch unser heutiges Leben unseren Enkelkindern die Vorfahr*innen zu werden, auf die sie sich positiv beziehen können.

Teil dieser Nowtopias kann es sein, die Verhältnisse, Lebensformen und damit auch wirtschaftliche Strukturen zu queeren, wie die Ökonomin und Commons-Forscherin Friederike Habermann das nennt – also jenseits binärer Logiken wie Mann/Frau zu denken, diese durcheinanderzubringen und um ganz neue Möglichkeiten zu erweitern. Wenn wir darauf bestehen, dass Care auch heute schon eine kollektive Angelegenheit, ein Commons ist, öffnen sich neue, emanzipatorische Räume für Lebensweisen, die über den Kapitalismus und über die Kleinfamilie hinausweisen.

Gemeinsam politischen Widerstand leisten

Die feministische Postwachstumsperspektive bedient sich auch der Transformationsstrategie von Widerstand, Streik und Protest. Welche Rolle können die Gewerkschaften in einer sozial-ökologischen Transformation spielen? Ein bislang noch kaum ausgeschöpftes Potenzial für politische Kämpfe um die sozial-ökologische Transformation hierzulande haben die Dienstleistungs- und Bildungsgewerkschaften, in denen mehrheitlich Frauen – etwa Erzieher*innen oder Krankenpfleger*innen – organisiert sind. Ihre Forderungen lauten „verbesserte Arbeitsbedingungen und ein gutes Leben" und lassen sich nahtlos in die Perspektive von Sorgearbeit ins Zentrum des Wirtschaftens integrieren.

Auch international sind aktuelle politische Kämpfe feministische Kämpfe: sei es im Iran, in den selbst verwalteten kurdischen Gebieten oder in Südamerika. Eine offene Frage ist, wie hier eine tragfähige internationale Solidarität zwischen feministisch organisierten Menschen entstehen kann.

Die Vorkämpfer*innen für eine sozial-ökologische Transformation werden vermutlich nicht weiße Cis-Männer aus der Mittel- und Oberschicht sein (vgl. S. 40 ff.), denn sie profitieren mehrheitlich vom aktuellen Wirtschaftssystem und seinen patriarchalen Strukturen, sondern arme Menschen, Frauen, Queers, Schwarze und indigene Menschen sowie sogenannte People of Colour, denn sie haben ein gutes Leben zu gewinnen. Damit die Transformation gelingt, braucht es aber Verbündete aller Geschlechter und jeder Herkunft. Dabei geht es nicht um Gleichstellungspolitik oder wie der Philosoph Báyò Akómoláfé es ausdrückte: „Es geht nicht darum, die Plätze an Deck der Titanic neu zu verteilen, sondern das ganze Schiff zu ankern, und gemeinsam Neuland zu betreten." (6) Daher wird die Transformation eine feministische sein, oder sie wird nur eine Reform sein, der es nicht gelingt, den täglichen Zerstörungen Einhalt zu gebieten. _____

Anmerkungen

(1) Vgl. Vetter, A. / Schmelzer, M. (2019): Degrowth/Postwachstum zur Einführung. Junius, Hamburg.

(2) Bennholdt-Thomsen, V. / Mies, M. (1997): Eine Kuh für Hillary. Die Subsistenzperspektive. Frauenoffensive München.

(3) Queer ist eine Selbstbezeichnung von Menschen, die ihr Geschlecht jenseits der binären Logik von Frau/Mann verorten und/oder das ihnen bei der Geburt zugewiesene Geschlecht überschreiten, oder deren sexuelles Begehren jenseits der heterosexuellen Norm verortet ist.

(4) Dengler, C. / Lang, M. (2022): Commoning Care: Feminist Degrowth Visions for a Socio-Ecological Transformation. In: Feminist Economics, 28:1, S. 1-28.

(5) Vgl. Helfrich, S. / Bollier, D. (2019): Frei, fair und lebendig. Eine Mustersprache des Commoning. Transcript Bielefeld.

(6) Akómoláfé, B. (2022): Was ist Post-Aktivismus? Interview mit Matthias Fersterer und André Vollrath. In: Oya, 67, S.46-49.

Was gendern Sie am liebsten?

Alles ;-)

Kunst- und Lernortes Haus des Wandels (Ostbrandenburg), lehrt an verschiedenen Hochschulen in Deutschland und der Schweiz, ist Redakteurin der Zeitschrift *Oya: enkeltauglich leben*, und Beirätin des Konzeptwerks Neue Ökonomie (Leipzig).

Zur Autorin

Andrea Vetter ist Transformationsforscherin. Sie ist Mitgründerin des transformativen

Kontakt

Andrea Vetter

E-Mail andrea.vetter@posteo.de

Ökologische Männlichkeiten

„Das Konzept stößt einen echten Veränderungsprozess an."

Das Anthropozän ist durchzogen von Geschlechterungleichheiten. Mittlerweile wächst auch in der Nachhaltigkeitsdebatte das Problembewusstsein für die weitreichenden Folgen toxischer Männlichkeit. Ein Gespräch mit dem Männerforscher Martin Hultman darüber, was besser wird, wenn geschlechterrelevante Aspekte stärker in den Blick rücken.

Tragen Männer mehr als Frauen zu den multiplen Krisen unserer Zeit bei?
Die globalen sozialen und ökologischen Herausforderungen von heute haben auf jeden Fall eine Geschlechterdimension. Sie wurzeln in einer langen Geschichte patriarchaler Herrschaft, wenn wir die binäre Trennung der Menschen so vornehmen, dass Männer im Durchschnitt reicher sind, in emissionsintensiven Sektoren arbeiten, Führungsrollen innehaben, mehr reisen und aufgrund ungleicher Geschlechterstrukturen mehr Klimaschadstoffe ausstoßen. Aber mit einer intersektionalen Perspektive ist das Wissen nur ein Ausgangspunkt. Um einen strukturellen Wandel zu ermöglichen, müssen wir über solche Bilder hinausgehen und Geschlecht als gesellschaftliche Struktur betrachten.

Wie definieren Sie ökologische Männlichkeiten?
„Ökologische Männlichkeiten" (Ecological masculinities) als analytisches Konzept einer sogenannten verkörperten Praxis wurde in Wechselwirkung von empirischer

Forschung und Theoriearbeit entwickelt. Es beleuchtet geschlechtergerechte und ökologisch nachhaltige Praktiken und Werte bei einzelnen Mitgliedern und als Teil von Gruppen und Strukturen. Paul Pulé und ich haben den Ansatz der ökologischen Männlichkeiten in dreijähriger intensiver Schreibarbeit formuliert. Inspiriert haben uns dabei verschiedene ökologisch-feministische Arbeiten aus fast einem halben Jahrhundert zu den destruktiven Inszenierungen ökomoderner Männlichkeit sowie die Erkenntnisse aus der kritischen Männlichkeitsforschung (CSMM), der Tiefenökologie und feministischer Care-Theorien. Mit dem Konzept der ökologischen Männlichkeiten wird eine Vielzahl an theoretischen und praktischen Antwortmöglichkeiten auf globale soziale und ökologische Krisen herausgearbeitet. Darüber werden diversifizierte, stärker beziehungs- und fürsorgeorientierte Männlichkeiten erkennbar.

Welche wesentlichen Merkmale kennzeichnen diesen Ansatz?

Der Ansatz sieht sich als Bestandteil der ökofeministischen und der Männlichkeitsforschung, die geschlechterrelevante Aspekte von Nachhaltigkeit mit verschiedenen wissenschaftlichen Methoden (Umfragen, Interviews, Ethnographie etc.) untersucht. Inspiriert von Forscher*innen wie Raworth und Di Chiro ist ein wesentlicher Ausgangspunkt des Konzepts die Kritik am Begriff des Anthropozäns als im Grunde weiß und männlich. Mit dem Ansatz der ökologischen Männlichkeiten werden die im Anthropozänbegriff eingeschriebenen Vergesellschaftungen von vergeschlechtlichter Macht und Privilegien aufgedeckt und angefochten. Denn sie priorisieren eigennützige und lebenszerstörerische Handlungen zum Nutzen einiger weniger und zu großen Kosten für die vielen. Die damit einhergehenden systemischen Verhinderungen gehen zurück auf die kompromisslose, durch nichts gerechtfertigte Resistenz der sogenannten industriellen oder Brotverdiener-Männlichkeiten, die besonders, wenn auch nicht ausschließlich, unter Gruppen von (insbesondere weißen, wohlhabenden, cis-männlichen, heteronormativen) Männern des Globalen Nordens verbreitet sind. Diese Männlichkeiten erfahren durch »hellgrüne« oder »ökomoderne« Männlichkeiten lediglich eine gewisse Verwässerung. Denn sie operieren innerhalb der gleichen vergeschlechtlichten und lebenszerstörenden globalen Strukturen – wenn auch unter Bezugnahme auf andere Gefühlszustände. Der

Blick auf den Zusammenhang von Männlichkeiten und Umweltkrisen verweist auf die Notwendigkeit einer solchen kritischen Analyse – letztlich auch um sichtbar zu machen, welche Möglichkeiten für die Veränderung von Normen und Verhaltensweisen bestehen.

Wie begegnet der Ansatz intersektionalen Perspektiven auf eine ökologische und nachhaltige Transformation? Lassen sich Unterschiede erkennen?

Der Ansatz ökologische Männlichkeiten als Ontologie basiert auf einer intersektionalen Erkenntnistheorie. Die Forschung dazu ist interdisziplinär geprägt und bezieht sich stark auf feministische Technowissenschaft, den materiellen Feminismus, Posthumanwissenschaften und die sogenannten Queer Ecologies. Letztere haben die Existenz von Vielfalt (in der sexuellen Orientierung) als ökologische Normalität überzeugend argumentativ herausgearbeitet. Im Konzept der ökologischen Männlichkeiten geht es entsprechend um Vielfältigkeit statt um essenzialistische oder deterministische Absolutismen. Es will zu komplexen, vielfältigen und beziehungsorientierten Konzeptualisierungen und Verkörperungen ermutigen, auch weil Vielfalt und Komplexität ähnlich wie bei Ökosystemen widerstandsfähiger gegenüber Störungen machen.

Wie kann sas Konzept der ökologischen Männlichkeiten den Diskurs über Nachhaltigkeit und die sozial-ökologische Transformation inspirieren?

Der Ansatz versteht sich als zugehörig zu einer akademischen Tradition, die sich für Menschen in ihrer Verschiedenartigkeit in hegemonialen Kontexten interessiert. Übergeordnetes Ziel dahinter ist die sozio-techno-ökologische Transformation unserer Gesellschaften: weg von der weiterhin aktuellen ökozidalen Logik fossiler Energieerzeugung. Meine Erkenntnisse aus der intensiven Befassung mit der Umweltsoziologie, der Energiegeschichte, politischer Ökologie und Geschlechterforschung haben mir deutlich aufgezeigt, wie notwendig wir transformative Strategien und Politiken gegen Klimawandel und Biodiversitätsverlust brauchen. Neben der kritischen Analyse der Ausgangslage, arbeite ich deswegen ebenfalls an der Suche nach sozio-techno-ökologischen Lösungen wie zum Beispiel den „Rechten der Natur".

Welche praktischen Implikationen wurden bei der Anwendung des Konzepts festgestellt?

Die Forschung zu ökologischen Männlichkeiten als analytischem Konzept wächst inzwischen rasant und wird häufig zitiert. Wissenschaftlich kommt es beispielsweise zur Anwendung in Literaturstudien, in Themenfeldern der ländlichen Entwicklung und in Risikostudien sowie in einer Reihe wichtiger neuerer Arbeiten aus dem Bereich Affekt, Care und Bildung.

Gemeinsam mit Mitgliedern des Starfish-Kollektivs – einem Zusammenschluss von Aktivist*innen, Ausbilder*innen und Forscher*innen meist aus Schweden – habe ich auf der Grundlage meines Wissens über ökologische Männlichkeiten beispielsweise verschiedene Bildungsmaterialien und Handbücher für Führungstrainings entwickelt. Nach meiner Erfahrung mit solchen Bildungsveranstaltungen – von zweistündigen digitalen Workshops bis hin zu einem achtwöchigen Kurs – stößt das Konzept der ökologischen Männlichkeiten einen echten Veränderungsprozess an: hin zu bescheidenen, bodenständigen, fürsorglichen Erdbewohner*innen.

Das Gespräch führte und übersetzte Christine Katz.

Was gendern Sie am liebsten?

Mit fossilen Brennstoffen betriebene Männerfußballvereine wie Manchester City. Sie könnten zur Speerspitze des gesellschaftlichen Wandels werden, indem sie z. B. Biobauernhöfe betreiben und dafür sorgen, dass ihre Spieler gut essen.

Zur Person

Martin Hultman ist Umweltsoziologe, Genderforscher und außerordentlicher Professor an der Chalmers University of Technolo-gy in Schweden. Dort leitet er das globale Forschungsnetzwerk Center for Studies of Climate Change Denial. Zu seinen jüngsten Büchern gehören „Ecological masculinities" (2018), „Men, Masculinities and Earth" (2021), „Climate Obstruction" (2022) und „Ecopedagogy for Earth Rights" (in Kürze).

Kontakt

apl. Prof. Dr. Martin Hultman
Chalmers University of Technology
Center for Studies of
Climate Change Denial
E-Mail martin.hultman@chalmers.se

Care-Prinzipien und sozial-ökologische Transformation

Beziehungsarbeit ist angesagt

Egal ob familäre Kinderbetreuung oder humusaufbauende Land-wirtschaft – beides sind Tätigkeiten des Sorgens und Sichküm-merns, ohne die keine Gesellschaft auskommt. Um den Wandel zu einer zukunftsfähigen Form des Lebens und Wirtschaftens zu beschleunigen, müssen alle Verantwortung dafür übernehmen.

Von Daniela Gottschlich und Christine Katz

▬▬▬Wie sich Menschen weltweit für einander, aber auch für andere Daseins-formen einsetzen, hat uns schon immer beeindruckt. 2016 haben wir die Konferenz „Politiken der Reproduktion" (1) zum Anlass genommen und mit der Arbeit an unserem Ansatz „Caring with Nature/s" begonnen. Inspiriert wurden wir dabei unter anderem durch Joan Trontos Konzept einer „sorgenden Demokratie". Auch in unserem Ansatz „Caring with Nature/s" ist Care - das Versorgen, Pflegen, Sich-Kümmern - der Ausgangspunkt für die Gestaltung von gesellschaftlichen Naturver-hältnissen. Dabei ist Care in dreifacher Weise relevant: als ethische Haltung, die Gesellschaftsgestaltung zu orientieren vermag, als notwendige Arbeit, auf die jede Gesellschaft aufbaut, sowie als politische Transformationspraxis, in der Care-Arbeiten und -Prinzipien ins Zentrum politischen Handelns gerückt werden, um Veränderungen anzustoßen. Care als transformative Praxis zielt auf den notwendi-gen Umbau von Gesellschaften, die auf Kosten von zukünftigen Generationen, Ländern des Globalen Südens und Natur leben, hin zu Gesellschaften, die sowohl die Beziehungen zwischen Menschen als auch ihren Umgang mit Natur (vor-)sorgend gestalten. Der Ansatz beinhaltet eine Kritik am dominanten Ökonomieverständnis und an ökonomischen Verhältnissen, in denen Profitmaximierung, Wachstums- und Effizienzorientierung über Reproduktionsnotwendigkeiten gestellt werden. Damit bedroht diese Wirtschaftsauffassung und -praxis die ökologischen und sozialen Voraussetzungen, auf deren Erhalt und Erneuerung eine Gesellschaft angewiesen ist, um sich nachhaltig entwickeln zu können. Care-Prinzipien hingegen scheinen uns geeignet, der umfassenden Vernichtung von Pflanzen, Tieren und Ökosystemen entgegenzuwirken. Dazu gehören Fürsorgerationalität, Beziehungsorientierung, Langfristperspektive, Berücksichtigung der gegenseitigen Angewiesenheit und Verletzlichkeit aller Daseinsformen, Beachtung von Eigenzeiten und Eigenheiten.

Unauflösliches Geflecht zwischen allen Daseinsformen

Care basiert für uns auf der Anerkennung von „ontologischer Relationalität", wie es Rosi Braidotti formuliert. Gemeint ist damit, dass alles Sein miteinander in Beziehung steht. Denn wir Menschen sind mit der anorganischen und organischen Welt, in und mit der wir leben, grundlegend materiell und emotional verwoben und einer dauernden Dynamik unterworfen. So beherbergen wir beispielsweise auf und in unserem Körper Millionen von Mikroorganismen – in der Regel zum gegenseitigen Nutzen. Dahinter stehen jahrtausendlange Anpassungsprozesse an und Wechselwirkungen mit Umweltbedingungen und anderen Lebewesen (Evolution). Darüber hinaus sind Menschen wie alle Lebewesen und Daseinsformen (inklusive Flüsse, Berge und Gletscher) vergänglich und verletzlich und damit existenziell aufeinander angewiesen. Allerdings ist diese Angewiesenheit nicht für alle Beteiligten stets und gleichermaßen positiv zu werten – man denke nur an aus menschlicher Perspektive tödliche Viren- und Bakterienstämme oder Gesundheit beeinträchtigende Pilze und Insekten.

Und doch gilt: Wenn wir diese grundsätzliche Relationalität, das Aufeinander-bezogen-Sein, anerkennen, müssen wir auch das in der westlichen Moderne etablierte Bild des Menschen als autonom, unabhängig und frei in mehrfacher Hinsicht über- und neu denken. Im relationalen Verständnis bedeutet Menschsein vor allem, sich der vielfältigen Beziehungsgeflechte als existenziell und ihrer verschiedenen Qualitäten bewusst zu sein. Es gilt, dafür Verantwortlichkeiten festzulegen und Verantwortung zu übernehmen – für andere Menschen sowie für andere Daseins-formen. Ein Mangel an Care und an gerechter Gestaltung der Beziehung zwischen Menschen als Individuen und Gesellschaft sowie Natur ruft Krisen hervor. Caring ist somit im Grunde keine wählbare Option, sondern letztlich eine unverzichtbare Notwendigkeit für alle Wesen oder eine „übergeordnete Praktik von ontologischer Signifikanz", wie María Puig de la Bellacasa es nennt, und schließt damit auch die Sorgearbeiten für Natur, für Tiere und Pflanzen ein. Relational sein bedeutet für Menschen nicht automatisch, sich dessen bewusst zu sein und sich immer schon gut in Beziehung setzen zu können. Wir müssen es üben und für die Qualität des Caring und der Beziehungen ethische Regeln aufstellen. Schließlich bedeutet ein relationales Verständnis nicht automatisch Machtfreiheit. Nicht nur bei Care-Tätig-keiten zwischen Menschen, etwa in der Pflege als einer zutiefst relationalen Pra-xis, können sich gewaltvolle Beziehungsverhältnisse etablieren. Dies gilt auch im Verhältnis zu nicht menschlichen organischen und anorganischen Daseinsformen. Die Corona-Pandemie ist ein Beispiel dafür. Das Virus hat im Menschen und durch Menschen verbreitet enorme Macht entfaltet und eine für den Menschen äußerst bedrohliche Beziehung aufgebaut. Es bedurfte erheblicher Anstrengungen auf den unterschiedlichsten Ebenen – von der medizinischen Körper-, über die gesellschaft-liche Interaktions- bis hin zur politischen Steuerungsebene –, dieses Verhältnis anders zu gestalten, sodass es nicht mehr existenzbedrohend für Menschen ist. Der politischen Virologie zufolge konnte es nur so weit kommen, weil die kapita-listische Landnahme den Raubbau an Natur unvermindert fortsetzt, Lebensräume zerstört werden und es zu einer zu großen Nähe zwischen Menschen und Tieren (z. B. Fledermäuse als mögliche Überträgerinnen) kommt.

Sorgen ist Sache aller

An der Ausweitung des Care-Konzepts auf außermenschliche Naturen wird unter anderem kritisiert, dass darüber die schon am Ökofeminismus kritisierte Analogie von Weiblichkeit und Natürlichkeit und damit problematische geschlechterstereo-type Zuschreibungen verstärkt würden. Kritiker*innen des Caring-with-Nature/s-Ansatzes sehen auch die Gefahr, Natur als besonders schutzbedürftig zu konzeptionalisieren: Dabei seien Menschen auf Natur angewiesen, nicht Natur auf Menschen. Care verstanden als Transformationspraxis verweist aber eben genau auf die Notwendigkeit der Abkopplung sorgender Tätigkeiten vom Geschlecht. Es unterstreicht, dass die Übernahme von sorgender und pflegender Verantwortung und eine transformative Care-Praxis nicht an Weiblichkeit oder biologische Mutterschaft gebunden sind. Vielmehr geht es darum, Sorge als soziale Praxis zu verstehen, mit der das Leben und die Ökonomie anders organisiert werden sollen – und zwar „von einem Denken in Kategorien der Produktion hin zu einem Denken in Kategorien der Erhaltung von Leben und seines Beziehungskomplexes", wie Joan Tronto es nennt.

Mit dem Caring-with-Nature/s-Ansatz ist auch ein anderes Naturverständnis verbunden. Die mechanistische Auffassung, die von der chaotischen und gesetzlosen Natur, die man unterwerfen, kontrollieren und zähmen müsse, ausging, ist brüchig geworden. Hat dieses Verständnis doch maßgeblich zu den verschiedenen sozial-ökologischen Krisen wie Klimakrise und Biodiversitätsverlust beigetragen. Naturbeherrschung kann nicht länger Programm sein. Der Mensch als Herrscher über Natur, als Maß aller Dinge steht zur Disposition. Vielmehr geht es darum, Natur als Partnerin anzuerkennen und gemeinsam die Beziehung zueinander gerecht zu gestalten.

Vorbild naturnahe Waldwirtschaft

Beispiele dafür finden wir sowohl in der Land- als auch in der Waldwirtschaft. Dem sogenannten prozessorientierten (oder auch reproduktionsorientierten) Ansatz der Waldwirtschaft liegt anders als in der konventionellen Waldwirtschaft ein relationales Naturverständnis zugrunde. Förster*innen vertrauen den Selbstorganisations- und Reproduktivkräften des Waldes. Die menschlichen Eingriffe von außen werden weitestgehend reduziert. Rückepferde zur Entnahme einzelner Bäume kommen zum Einsatz, anstatt durch schweres Gerät den Waldboden zu verdichten. Wald wird nicht als Holzfabrik verstanden, von Kahlschlagmaßnahmen wird daher im naturnahen Wald abgesehen. Die Bewirtschaftung ist nicht auf maximalen Ertrag, Beschleunigung und Effizienz ausgelegt. Die Anerkennung von

Natur als dynamische Akteurin und Mitgestalterin verweist auf die neue Qualität in den forstlichen Tätigkeiten: Das nicht humane Gegenüber wird nicht als Sache und Objekt betrachtet, sondern ihm wird Respekt gezollt als Teil einer subjekthaften Relationalität. Das erfordert neue Kompetenzen: Förster*innen müssen in der Lage sein, sich in Beziehung zu setzen mit den verschiedenen Akteur*innen im Ökosystem Wald. Sie brauchen die Fähigkeit zum einfühlenden Beobachten und Handeln unter Bedingungen von Nichtwissen und die Bereitschaft zum Lernen.

> **Naturbeherrschung kann nicht länger Programm sein. Vielmehr geht es darum, Natur als Partnerin anzuerkennen und gemeinsam die Beziehung zueinander gerecht zu gestalten.**

Wir haben Begründungen geliefert, warum bei der Betrachtung gesellschaftlicher Naturverhältnisse konsequent ein relationaler Gestaltungskontext zugrunde gelegt werden sollte. Dabei ist die Frage nach der Bestimmung von Qualitäten im Beziehungsgeflecht und Verantwortlichkeiten wesentlich. Denn anzuerkennen, dass wir nicht von abgeschlossenen und getrennten Kultur- und Natureinheiten ausgehen können, sondern von hybriden Zuständen dauernder Wechselwirkung, entlässt uns Menschen nicht aus der politischen Verantwortung für den Erhalt existenzieller Beziehungen. Damit rückt die Frage nach den Qualitäten der Beziehungen und den dafür erforderlichen Rahmenbedingungen in den Vordergrund. Welche Verantwortung wir als Gesellschaft für welche Natur(en) übernehmen (wollen) und wie viel Eigenrechte und Wert an sich wir Natur (Pflanzen, Flüssen, Gletschern) zugestehen, ist zu klären.

In dieser Debatte stehen wir am Anfang und noch vor einer Reihe vieler spannender Fragen. Eine der größten Herausforderungen ist die Frage, wie sich Rechte von unterschiedlichen Daseinsformen integrieren lassen. Sie ist verknüpft mit der Frage, was wir über die sozialen Interaktionen beispielsweise von Pflanzen wissen, aber auch damit, welche Kenntnisse wir über die sozial-ökologischen Interdependenzen mit der anorganischen Welt gewinnen können. Grundlage all dessen ist, wie umfassend wir uns als Gesellschaft der existenziellen Relationalität bewusst werden. Wir sind überzeugt, dass dieses Bewusstsein neue Wege eröffnet, die bisher nicht im Blick waren. (2) _____

Anmerkungen

(1) www.nds-lagen.de/download/Politiken_der_Reproduktion_2017/LAGEN_Programm.pdf
(2) Eine ausführliche Liste der verwendeten Literatur stellen die Autorinnen gern auf Anfrage zur Verfügung.

b) Daniela Gottschlich ist Professorin für Nachhaltigkeit und Gesellschaftsgestaltung an der Cusanus Hochschule für Gesellschaftsgestaltung in Koblenz.

Was gendern Sie am liebsten?

a) »Herrschaft«, denn dadurch verändert sie sich komplett! Versuchen Sie es mal!
b) Alles, was nötig ist, um die unsichtbar Gemachten sichtbar zu machen.

Zu den Autorinnen

(a) Christine Katz ist feministische Sozial-Ökologin und geschäftsführende Vorsitzende des Instituts für Diversity, Natur, Gender und Nachhaltigkeit (diversu) in Lüneburg.

Kontakt

Dr. Christine Katz
Institut für Diversity, Natur, Gender und Nachhaltigkeit (diversu) Lüneburg
E-Mail katz@diversu.org

Prof. Dr. Daniela Gottschlich
Cusanus Hochschule Koblenz
Institut für Ökonomie
E-Mail
daniela.gottschlich@cusanus-hochschule.de

Gender-Mainstreaming im Umweltressort

Werte und Wiederholungen

Alle Ressorts des Bundes sind dazu verpflichtet, Gleichstellung als Leitprinzip in allen Aufgabenbereichen und Entscheidungen zu berücksichtigen. Das Beispiel des Umweltbundesamtes zeigt, wie Gender-Mainstreaming in einer Bundesbehörde gelingen und genderintegrativen Umweltschutz befördern kann.

Von Arn Sauer, Dorothee Arenhövel, Regina Schreiber und Jördis Wothge

━━━━„Ihr gehört wirklich zu den Guten. Ihr setzt Euch für Geschlechtergerechtigkeit im Umweltschutz ein". Diese Aussage gegenüber dem Umweltbundesamt (UBA) auf dem 15. EU Gender Summit 2018 regte uns zum Nachdenken an. Umweltschutz und Gender sind gleichermaßen normativ aufgeladen – genauso wie die Definition von gut. Was ist das Gute an der querschnittsartigen Berücksichtigung von Geschlechterperspektiven in den Inhalten des Umweltschutzes und in der Organisations- und Personalentwicklung des UBA, kurz Gender Mainstreaming (GM)? Ist allein der Versuch an sich gut – oder ist es erst gut genug, wenn nicht nur eine additive Umsetzung gelingt, sondern transformative Zugänge gewählt werden, die das Gesamtsystem einschließlich der geschlechtlichen Binarität von Grund auf infrage stellen und die jeweiligen Strukturen transformieren wollen?
Hier begeben wir uns als aktuelle und ehemalige Mitarbeitende des UBA zu diesen Fragen auf Spurensuche und entlehnen dafür das prozessuale Konzept des Gelingens aus der lebensweltorientierten Sozialen Arbeit, um es von gelingender Lebensführung auf organisationales Gelingen als methodischen Zugang zu übertragen.

Zentral ist dabei, Handlungsmächtigkeit herzustellen, indem reflexives Denken und Handeln unterstützt wird. Ob etwas gelingt, obliegt der kontextualen Einschätzung der jeweiligen Akteur*innen.

So beleuchten wir die »Lebenswelt« und Praxen des UBA hinsichtlich GM, an denen wir selbst mitgewirkt haben oder mitwirken, aus selbstevaluatorischer, ressourcenorientierter Perspektive heraus. Dazu greifen wir auch auf Interviews mit Expert*innen und Wegbereiter*innen aus dem UBA und dem Bundesumweltministerium (BMUV) zurück. (1) Gemeinsam fragen wir uns: Wie gelingt GM in einer Bundesbehörde und wie kann ein gelingender Weg zu gutem, genderintegrativem Umweltschutz aussehen?

Theorie und Praxis im Umweltbundesamt

GM will die de facto Gleichstellung der Geschlechter bewirken. Ziel ist nicht nur die statistische Gleichstellung, sondern die Anerkennung und Berücksichtigung der unterschiedlichen Interessen und Lebenssituationen von Frauen* und Männern*. (2) Diese sollen mittels GM in die Gestaltung, Planung und Entscheidungsfindung einfließen, sodass Gleichstellungsfragen mitverhandelt werden. In diesem Sinne ist Mainstreaming als Prozess zu verstehen, um das, was marginalisiert und ausgegrenzt ist (hier Geschlechterverhältnisse, auch in Überschneidung mit Rassismus, Cis-Heteronormativität, Dis/Ability usw.) tief in zentrale Strukturen, Aktivitäten und Wissenskulturen einer Organisation einzubetten und durch Expertise und Personen zu verkörpern.

GM ist seit 2001 sowohl im Bundesgleichstellungsgesetz als auch in der Gemeinsamen Geschäftsordnung der Bundesministerien verankert. Seitdem sind alle Bundesressorts dazu verpflichtet, Gleichstellung als Leitprinzip in allen Aufgabenbereichen und Entscheidungen zu berücksichtigen. Die ursprüngliche Einführung von GM im UBA geht auf das UBA-Forschungsprojekt „Geschlechterverhältnisse und Nachhaltigkeit" und die Jahre 2000-2004 zurück. Die Arbeit der parallel in 2000 initiierten, abteilungsübergreifenden Projektgruppe zur Etablierung von GM im BMUV profitierte von der UBA-Forschung. Jutta Emig (BMUV), Leiterin der damaligen Projektgruppe, erinnert sich: „In der Projektgruppe wurde am Beispiel eines Pilotvorhabens ein Gender Impact Assessment (GIA) entwickelt, das auch heute

> **„ Mainstreaming ist als Prozess zu verstehen, um das, was marginalisiert und ausgegrenzt ist, tief in zentrale Strukturen, Aktivitäten und Wissenskulturen einer Organisation einzubetten und durch Expertise und Personen zu verkörpern. "**

noch als Vorlage taugt, um zu prüfen, ob eine Genderrelevanz vorliegt. Flankierend stand der Projektgruppe ein Forschungsvorhaben zur Verfügung. Für den Klimaschutz wurde das GIA im Jahr 2020 aktualisiert. "

Aus den Projektergebnissen erwuchs im UBA zunächst der Bedarf einer GM-Stelle, die 2008 zum ersten Mal besetzt und bei der Gleichstellungsbeauftragten (GLB) angesiedelt wurde. Diese Kapazität sowie die praktische Ausübung der Stelle entwickelte sich zum Dreh- und Angelpunkt: „Aus den Tätigkeiten dieser Stelle haben sich dann immer weitere Ressourcen erschlossen, zum Beispiel Gelder für […] Vorhaben mit Genderbezug, oder die Erhöhung der Stellenanteile auf eine ganze Stelle ohne Befristung. Ohne diese materielle(n) Grundlage(n) wären die wichtigen Projektergebnisse in der Versenkung verschwunden, denn die […] Bewusstseinssensibilisierung für das Thema war ein weitaus langwierigerer (Erfolgs-)Prozess", so Vera Rabelt, die mit neun weiteren UBA-Mitarbeiterinnen an dem Projekt beteiligt war. Was zum Gelingen des Projekts insgesamt geführt hat, fasst Christiana Jasper, ebenfalls ehemaliges Projektmitglied und spätere GLB, zusammen: „Visionäres Denken und Handeln einer Gruppe von Wissenschaftlerinnen im UBA, in der Überzeugung, dass es ohne GM keine nachhaltige Entwicklung geben kann."

Das erste GM-Konzept im UBA von 2010 stellte zwei Instrumente zur Verfügung: einen Sprachleitfaden und eine Checkliste für GM in der Forschung. Seitdem ist eine ex-ante Genderrelevanzprüfung von Forschungsprojekten gefordert, die seit 2018 nachgehalten wird. Das GM-Konzept wurde 2015 fortgeschrieben und ist seit 2016 in den UBA-Gleichstellungsplan (GLP) integriert sowie an seinen Turnus angepasst. Im GLP werden Gleichstellungsziele und Maßnahmen formuliert und über deren

Fortschritt berichtet. Ab 2016 wurden beispielsweise Genderaspekte in die Prozesse der Forschungsvergabe integriert, es wurden verschiedene gender-spezifische Forschungsprojekte durchgeführt und wegweisende Grundlagenforschung entstand.

Als aktuelles Beispiel gelingender Praxis lässt sich das Chancengleichheitsmonitoring zur Vergabepraxis der UBA-Umweltforschungsförderung hervorheben. Für dieses Projekt wurde die genderspezifische Teilhabe an den Forschungsprojekten des UBA quantitativ erhoben sowie stichprobenartig die Integration von Genderaspekten in den Inhalten qualitativ untersucht. Die Ergebnisse zeigen ein deutliches Ungleichgewicht im Zugang zu staatlicher Förderung und Wissensproduktion und signalisieren Handlungsbedarf: Nur ein Viertel der Projektleitungen sowie ein Drittel der an den Projekten beteiligten Personen waren weiblich. Die qualitative Genderanalyse der Forschungsberichte zeigt, dass – über zehn Jahre nach Einführung der ersten GM-Instrumente – die Genderdimensionen kaum als Teil des Forschungsstandes des jeweiligen Forschungsgebietes betrachtet wurden. Ähnlich schätzt die Situation Andrea Meyer, Leiterin der Zentralabteilung im BMUV, ein: „Die Integration von Gender- und Vielfaltsaspekten in unsere Arbeit galt auch im Umweltministerium lange als zusätzlicher Aufwand. Daher kommt es darauf an, zum Beispiel das Gender Impact Assessment nicht nur formal durchzuführen, sondern tatsächlich mit Leben zu füllen."

Wie gelingt Gender-Mainstreaming?

Wie gelingt die Integration von Gender- und Diversitätsperspektiven im Umweltschutz? Die obengenannten Forschungsergebnisse geben nur einen Teil der Wahrheit wieder und die daraus resultierenden Empfehlungen sprechen nur einen Teil der Menschen an. Intersektionale Perspektiven tragen maßgeblich zum Gelingen bei, so auch Karsten Klenner, Leiter des für Vielfaltsfragen zuständigen Grundsatzreferats im BMUV: „Diese Vielfaltsdimensionen – von denen Gender eine der zentralen ist – möglichst breit zu berücksichtigen, und zwar sowohl bei der Beschreibung als auch bei der Lösung von Problemen, ist für mich grundlegend, um eine wirkungsvolle Umweltpolitik machen zu können." Die Protagonistinnen aus den Anfängen des GM im UBA verweisen darauf, dass ein Schlüssel darin liegt, für die gesellschaftlichen Dimensionen von Umweltpolitik zu sensibilisieren: „Umweltschutz und Umweltpolitik [...] hatten immer auch gesellschaftliche Bezüge. Es war zwar ein schwieriger Weg, die zu über 90 Prozent naturwissenschaftlich und technisch ausgebildeten UBA-Mitarbeitenden für die sozialwissenschaftlichen Bereiche zu öffnen, in denen Geschlechterverhältnisse Thema war, aber die Entwicklung zur Nachhaltigkeit hat die Verbindung der Themen Umwelt und gesellschaftliche Bezüge aufgezeigt [...]. Dies war sicher eine Besonderheit des UBA" (Vera Rabelt). Zugleich positiv wie negativ zu bewerten in Bezug auf Handlungsmächtigkeit ist die zentrale Rolle der GLB und ihrer wissenschaftlichen Mitarbeitenden für GM. Die inhaltliche Ausgestaltung von GM im Rahmen einer wissenschaftlichen Stelle sucht zwar ihresgleichen in anderen Bundesressorts, gleichwohl ist sie kapazitätsmäßig bei circa 1.700 Beschäftigten unterbesetzt und wird teilweise von den Fachbereichen zur Externalisierung von Genderfachwissen genutzt. Gisela Klett beschreibt als stellvertretende GLB des UBA, wie wichtig es ist, dass „[...] erfolgreiche Umsetzung von Gender-Mainstreaming [...] in der Forschung, [...] aber auch auf der Verwaltungsebene wie zum Beispiel in der Personalentwicklung und Organisationsstruktur" erkennbar wird. Im Hinblick auf die Reflexion der Ziele (GM-Konzept & GLP) im Abgleich mit dem Handeln (Umsetzung) ging und geht das UBA gelingende, vorbildliche Wege, da es sich einerseits intern evaluiert und andererseits externen Evaluationen stellt, deren Ergebnisse es ebenso wie den neuesten GLP veröffentlicht. Hilfreich könnte zukünftig sein, dass das BMUV durch sein Engagement in Gender- und Vielfaltsfragen Strahlkraft ins gesamte Umweltressort entfaltet und dem UBA-Push- nun den BMUV-Pull-Effekt hinzufügt.

Was wirklich gut ist, kann auch dieser Artikel nicht abschließend klären. Dazu fehlen nach wie vor Institutionalisierungskonzepte für GM in der Bundesverwaltung. Kontextspezifisch gut im Sinne von gelingend ist das UBA bereits: Nachhaltiger organisationaler Wandel wird einerseits durch die Anknüpfung an die Lebenswelt und sozial-ökologischen Werte eingeleitet und andererseits durch die Wiederholung und Stabilisierung der bestehenden GM-Praktiken als gelebtes und gelingendes Tun in einem kontinuierlichen Verbesserungsprozess fortgesetzt. Dies als Daueraufgabe zu sehen und ernsthaft mit angemessenen Kapazitäten sowie stetigem Kompetenzaufbau weiter zu betreiben, hilft, zu gelingendem Umweltschutz beizutragen. (3) ———

Anmerkungen

(1) Wir bedanken uns ausdrücklich für die Mitwirkung und Freigabe ihrer Zitate bei Jutta Emig, Christiana Jasper, Karsten Klenner, Gisela Klett, Andrea Meyer, Vera Rabelt, und Korinna Schack.

(2) Das Gender-Sternchen (*) dient als Verweis auf den Konstruktionscharakter von Geschlecht. Frauen* bzw. Männer* bezieht sich auf alle Personen, die sich unter der Bezeichnung Frau bzw. Mann definieren.

3) Eine ausführliche Liste der verwendeten Literatur stellen die Autor*innen gerne auf Anfrage zur Verfügung.

a) b) c) d)

Was gendern Sie am liebsten?

Alles und Nichts – weil es um Inklusion und Sichtbarmachen geht, nicht um Vorlieben.

Zu den Autor*innen

a) Arn Sauer promovierte in Gender Studies. Er war von 2012 bis 2021 wiss. Mitarbeiter für GM bei der GLB im UBA. Seit November 2021 ist er Ko-Direktor der Bundesstiftung Gleichstellung.

b) Dorothee Arenhövel ist Umweltwissenschaftlerin und seit 2015 wiss. Mitarbeiterin im UBA im Fachgebiet „Grundsatzfragen, Nachhaltigkeitsstrategien, -szenarien und Ressourcenschonung".

c) Regina Schreiber ist Diplom-Chemikerin und seit 2020 Gleichstellungbeauftragte des UBA.

d) Jördis Wothge ist Psychologin und seit 2015 wiss. Mitarbeiterin im UBA im Fachgebiet „Lärmminderung bei Produkten und Anlagen, Lärmwirkungen".

Kontakt

Dr. Arn Sauer
Bundesstiftung Gleichstellung
E-Mail sauer@bundesstiftung-gleichstellung.de

Dorothee Arenhövel, Regina Schreiber, Jördis Wothge
Umweltbundesamt
E-Mail Dorothee.Arenhoevel@uba.de
Regina.Schreiber@uba.de
Joerdis.Wothge@uba.de

Impulse

Projekte und Konzepte

genanet – Leitstelle Gender, Umwelt, Nachhaltigkeit

Gebündelte Expertise

Der Name ist Programm: Die Wissensplattform genanet bündelt und verbreitet vorhandene Erkenntnisse zu Genderaspekten in umwelt- und nachhaltigkeitsrelevanten Themenbereichen und vernetzt Forschende. Egal ob es um Biodiversität, Chemikalien, Digitalisierung, Energie, Ernährung, Konsum, Mobilität oder Planen, Umweltgerechtigkeit und Wasser geht, das Ziel ist immer das gleiche: Die Gender-Dimensionen in den verschiedenen Politikfeldern sichtbar zu machen, um zu zeigen, dass Geschlechtergerechtigkeit eine wesentliche Voraussetzung für eine nachhaltige Klima- und Umweltpolitik ist.

genanet wurde 2002 – finanziell unterstützt von Umweltbundesamt und Bundesumweltministerium – mit dem Ziel gegründet, Informationen und Strukturen für Vernetzung und gemeinsames Arbeiten bereitzustellen, um konkret Einfluss zu nehmen und feministische Perspektiven in (inter-)nationale Politikprozesse einzubringen. Dafür stellt die Wissensplattform neben den fachlichen Genderaspekten auch Informationen über Instrumente wie Gender Impact Assessment (GIA) oder Genderbudgeting zur Verfügung. Außerdem erscheint alle zwei bis drei Monate der Newsletter genaNews.

Neben politischer Lobbyarbeit und Mitwirkung in zahlreichen Projekten, spielt auch die Mitarbeit in Gremien der Bundesregierung sowie die Erarbeitung von Positionspapieren und Stellungnahmen zu Umwelt- und Nachhaltigkeitsprogrammen oder -strategien in Deutschland eine wichtige Rolle. So war genanet beispielsweise gemeinsam mit der AG Frauen im Forum Umwelt & Entwicklung an der Entwicklung der deutschen Nachhaltigkeitsstrategie und deren ersten Review-Prozessen von Anfang an beteiligt.

Inhaltlich und organisatorisch betreut wird die Wissensplattform ehrenamtlich von Ulrike Röhr (vgl. S. 31 ff.). Die Basis für den Aufbau von genanet bildete das FrauenUmweltNetz (FUN), das 1994 als Zweigstelle des Vereins LIFE – Bildung, Umwelt, Chancengleichheit in Frankfurt am Main aufgebaut wurde. Seit Anfang 2015 führt genanet die Vernetzung und Verbreitung von Informationen unter dem Dach von Gender CC – Women for Climate Justice fort. (ao)

www.genanet.de

Geschlechtergerechte Stadtpolitik
Transformative Stadtplanung in Köln
Gegründet 1998 als Gruppe der KölnA-
genda, verfügte das Kölner FrauenForum
von Anfang an über Erfahrungen im breiten Spektrum städtischer Frauenpolitik.
Unter der Schirmherrschaft des Frauen-
amts hatten sich circa 30 qualifizierte
Aktivistinnen aus der Zivilgesellschaft zu-
sammengefunden, um das Kapitel 24 der
Agenda 21 (Vgl. S. 24 ff.) im Hinblick auf
Kölner Verhältnisse unter die Lupe zu nehmen. Die Aktivistinnen verstanden sich als
Kristallisationspunkt von Gruppen und Initiativen der Frauenbewegung im Umwelt-
und Entwicklungsbereich. Die Mitglieder
repräsentierten ein breites Spektrum Kölner Frauenorganisationen und waren oft
auch in überregionale Netzwerke einge-
bunden. Schwerpunkt ihrer Arbeit war die
Aufgabe, im Kölner Nachhaltigkeitsdiskurs Frauenbelange sichtbar zu machen
und dafür Sorge zu tragen, dass diesen in
allen Bereichen einschließlich der städtischen Haushaltspolitik Rechnung getragen wurde.

Das Private war und ist politisch
Bereits 1999 hat das FrauenForum in seinen Leitlinien für den Kölner Agenda21-Pro-
zess auf das Motto der Frauenbewegung
„Das Private ist politisch" hingewiesen und
damit die übliche Eingrenzung der Aktivitäten kommunaler Agenda21-Gruppen auf
Natur- und Umweltschutz infrage gestellt.
Es sollten Datenbanken aufgebaut und die
strukturellen Zusammenhänge zwischen

Geschlechterbeziehungen einerseits und
Umwelt und Entwicklung andererseits er-
kundet werden.
Im breiten Spektrum seiner vielfältigen
Projekte hat das FrauenForum der Köln-
Agenda seine Initiativen für eine geschlechtergerechte Stadtpolitik stets als
Beitrag zu sozialer Nachhaltigkeit gesehen. Auch das erste deutsche Gender Au-
dit kommunaler Finanzen, das 2003–2004
die stadtweite Nutzung der Angebote von
Volkshochschulen und Stadtbibliotheken
untersuchte, verstand sich als Plädoyer für
die Sicherstellung geschlechtergerechter
städtischer Infrastruktur in Zeiten knapper
Kassen.
Nicht zuletzt auf der Grundlage der lang-
jährigen Lobbyarbeit des FrauenForums
hat die Stadt Köln in dieser Legislaturperiode einen Gleichstellungsausschuss einge-
richtet, der 2022 die konkrete Arbeit auf-
genommen hat. Sein erstes großes Projekt
ist die Vorbereitung von Gender Planning
in der Stadtentwicklung (vgl. S. 66 ff. und
S. 109). Zunächst sollen Kriterien für die
gleichberechtigte Nutzung des öffentlichen Raums durch alle Geschlechter erarbeitet werden, um danach im Rahmen des
sogenannten Gender Budgeting auch Ressourcen für die Umsetzung von Maßnahmen bereitzustellen.
Nach einem Vierteljahrhundert der Einmi-
schung in den Diskurs über die Belange
von Frauen und Kindern in der Stadtplanung halten es die Mitglieder des FrauenForums für wichtig, im Austausch mit
Forschung und Lehre nicht nur eigene Er-

fahrungen an jüngere Generationen weiterzugeben. Vielmehr will man beitragen zu einer „Agenda der Frauen", für die nicht Wirtschaftswachstum, sondern ein gesunder Planet und das Wohlergehen von Menschen im Vordergrund stehen.

Auf den Schultern dieses Kampfes steht das 2016 gegründete intersektionale Netzwerk „Feminismus and Degrowth Alliance" und kämpft für eine lebenszentrierte und gerechte Stadt- und Weltpolitik.

Dr. Elisabeth Stiefel und Lina Hansen

Dieser Impulstext entstand durch den telefonischen Austausch von Elisabeth Stiefel (geb. 1929) und Lina Hansen (geb. 1992).

Geschlecht und Raum
Geschlechtersensible Forschung

Mit der Maßnahme „Geschlechteraspekte im Blick" fördert das Bundesministerium für Bildung und Forschung (BMBF) Strukturen zur systematischen Berücksichtigung von geschlechtsbezogenen Aspekten in der Forschung. In einer Konzeptphase wurden zunächst 36 Projekte an deutschen Hochschulen und außeruniversitären Forschungseinrichtungen gefördert und aufgefordert, sich in einem zweistufigen Verfahren für eine fünfjährige Umsetzungsphase zu bewerben. Die geförderten Projekte werden ihre Arbeit voraussichtlich Anfang 2024 aufnehmen.

Die ARL – Akademie für Raumentwicklung in der Leibniz-Gemeinschaft und das Leibniz-Institut für ökologische Raumentwicklung (IÖR) wurden als Verbundprojekt „Geschlechteraspekte im Blick der raumbezogenen Nachhaltigkeits- und Transformationsforschung" (GiB_Raum) in der Konzeptphase gefördert. Dabei verbindet die beiden Einrichtungen erstens ihre institutionelle Zugehörigkeit zur Leibniz-Gemeinschaft sowie zweitens ihr inhaltlicher Fokus auf raumwissenschaftliche Fragestellungen der Nachhaltigkeits- und Transformationsforschung.

Ziel der siebenmonatigen Konzeptphase war es, die Relevanz von Geschlechteraspekten in der Forschung beider Einrichtungen zu prüfen, ihre Bedeutung für exzellente Forschung und Entwicklung herauszustellen und durch strukturelle Maßnahmen in den Institutionen zu stärken. Dazu wurde in einem ersten Schritt eine Bestandsanalyse durchgeführt, in der danach gefragt wurde, (in)wie(fern) Geschlechteraspekte in den aktuellen Forschungen der ARL und des IÖR schon berücksichtigt werden. Im Ergebnis zeigt sich,

▢ dass bereits eine Reihe von Einzelmaßnahmen und Projekten existieren (z. B. verschiedene internationale Arbeitskreise zu Gender and Spatial Development an der ARL oder das Projekt „Gender in der Raumforschung" am IÖR),

▢ dass eine systematische, verbindliche und personenunabhängige Verankerung von Geschlechteraspekten im Sinne eines Gender-Mainstreamings der Forschungsprogrammatiken jedoch noch aussteht. Ausgehend von dieser Erkenntnis wurden die Potenziale und Umsetzungsmöglichkeiten einer geschlechtersensiblen Forschung an den beiden Einrichtungen eruiert und in Workshops und Dialogveranstaltungen diskutiert.

Als Ergebnis der Konzeptphase liegt nun ein GiB-Konzept in Form einer Antragsskizze vor. Ziele sind die langfristige strukturelle Verankerung einer inter- und transdisziplinären gendersensiblen Forschung in allen Bereichen der Einrichtungen, die Sensibilisierung und Kompetenzentwicklung der Forschenden sowie die Vernetzung und der Wissenstransfer, insbesondere mit Blick auf weitere Einrichtungen der Leibniz-Gemeinschaft.

Prof. Dr. Tanja Mölders

Teilprojekt ARL: www.arl-net.de/de/projekte/
geschlechteraspekte-im-blick-der-raumbezogenen-nachhaltigkeits-und-transformationsforschung
Teilprojekt IÖR: www.ioer.de/projekte/gib-raum
Die Konzeptphase des Projektes wurde von Juli 2022 bis Januar 2023 vom BMBF gefördert.

Politikberatung zu umweltbezogener Gesundheit
Der Grundstein ist gelegt

Umweltbezogener Gesundheitsschutz ist ein zentrales Handlungsfeld deutscher Chemikalienpolitik, die nachteilige Umwelteinflüsse auf die Gesundheit erkennen, reduzieren und vermeiden soll. Die Humanbiomonitoring (HBM)-Studien des UBA, die Deutsche Umweltstudie zur Gesundheit (GerES) und die Umweltprobenbank (UPB) liefern einen bedeutsamen Beitrag zur Erforschung der Zusammenhänge zwischen Umwelt und Gesundheit sowie zu Chemikalienprogrammen in Europa und weltweit. Das Bewusstsein über geschlechtsbezogene physiologische Unterschiede und Zusammenhänge zwischen Gender-Rollen und Normen sowie Relationen und deren Einfluss auf die Chemikalienbelastung trugen dazu bei, dass die Ergebnisse der HBM-Studien routinemäßig nach biologischem Geschlecht, Alter und sozioökonomischen Faktoren stratifiziert und analysiert wurden. Trotz reicher Datenlage aus GerES und UPB, fehlte bisher eine systematische, theoriegestützte Integration der Auswirkungen des Geschlechts in HBM-Studien.

Das UBA beteiligte sich im interdisziplinären Forschungsprojekt INGER (Integration von Geschlecht in die Forschung zu umweltbezogener Gesundheit: Aufbau einer fundierten Evidenzbasis für geschlechtersensible Prävention und umweltbezogenen Gesundheitsschutz) am Aufbau einer fundierten Evidenzbasis für gendersensitive Datenerhebung und -auswertung von HBM-Studien. Aufbauend auf die Erfassung des aktuellen Forschungsstands wurden dazu Operationalisierungen von Geschlechterkonzepten für Fragebögen und für Datenanalysen entwickelt und die neuen methodischen Ansätze zur Integration der Kategorie Geschlecht in der Datenerhebung erprobt. Damit wurde eine wichtige praxisorientierte Grundlage für eine dauerhafte Implementierung des Einflusses von biologischem und sozialem Geschlecht in HBM-Studien des UBA gelegt, die eine gendertransformative Politikberatung ermöglicht.

Marike Kolossa-Gehring und
Malgorzata Debiak, Umweltbundesamt

www.uni-bremen.de/inger

Soziale Dimensionen von Mobilität
Lebenswirklichkeiten einbeziehen
Verkehrs- und Mobilitätsplanung fußen oftmals auf der Fortschreibung bestehender struktureller und räumlicher Gegebenheiten. Bei der Erarbeitung eines zukünftigen Mobilitätssystems wirken zudem überlieferte Narrative und ein Beharren auf vorhandenen Bewegungsmustern. Auf dieser Basis werden gesellschaftliche Machtverhältnisse reproduziert und vielfältige Gruppen von der Teilhabe am gesellschaftlichen Leben ausgeschlossen. So bringt beispielsweise nicht allein die Umsetzung eines Fahrradschnellweges die Mobilitätswende voran, sondern erst die Berücksichtigung verschiedener Bedarfe an verbindender Infrastruktur, individueller Förderung, vielfältigen Abstellanlagen an Wohn-, Erwerbsarbeits-, Erholungs- und Versorgungsorten.

Die Mobilität in ihrer sozialen Dimension war Ausgangspunkt für die hauptamtlichen kommunalen Gleichstellungsbeauftragten des Kreises Stormarn in Schleswig-Holstein, ein Gutachten zu beauftragen, das explizit die Genderperspektive in die Planung des zukünftigen ÖPNVs einbringt. Ziel war es, Handlungsempfehlungen zu erarbeiten, die im Sinne des Gender-Mainstreamings die Teilhabemöglichkeiten für in der Verkehrsplanung weniger berücksichtigte Zielgruppen in den Fokus nehmen.

Entscheidungsfreiheit fehlt
Gerade in der ländlich geprägten Stadtregion zwischen Hamburg und Lübeck zeigten sich Lücken im ÖPNV-Angebot, die dazu führen, dass die Teilhabe und Entscheidungsfreiheiten bestimmter Geschlechtergruppen für eine Mobilitätswende eingeschränkt werden. Die ÖPNV-Planung richtet sich vorrangig an Pendelverkehren aus. Dadurch werden Betreuungsaufgaben und Begleitverkehre ohne die Verwendung des (eigenen) Autos erschwert. In einer Befragung der Bevölkerung im Kreis Stormarn konnten Narrative dekonstruiert und Bedarfe aufgezeigt werden. So wurde beispielsweise deutlich, dass die Verfügung über PKW weniger vom Geschlecht als vielmehr durch die komplexen Wegeketten der Menschen mit Betreuungsaufgaben bestimmt sind. Eine weitere Erkenntnis waren Lücken der Busnetze in Bezug auf Ziele und Zeiten, die für Care-Arbeit relevant sind. Deshalb empfahlen Gutachterinnen die explizite Kartierung der Alltagsziele und die Überprüfung des Verkehrsnetzes in Bezug auf ihre Anschlussfähigkeit an diese Alltagsziele. Außerdem wurden Bedarfe für die systematische Berücksichtigung von

Freizeit- und Besorgungsverkehren festgestellt. Ein weiterer Wunsch der Befragten, war die Sicherheit und Zuverlässigkeit der Angebote. Sie sind eine wichtige Voraussetzung für eine selbstständigere Mobilität von Betreuten.

Für die systematische Integration der Genderbelange wurde ein Bewertungsverfahren für eine Qualitätsanalyse des ÖPNV aus Gendersicht entwickelt. Dafür wurden für fünf Felder Ziele, Prüffragen und Prüfkriterien erarbeitet: Erschließungsqualität, Verbindungsqualität, Zugänglichkeit der Haltestellen, Ausstattung der Fahrzeuge und soziale Gebrauchsfähigkeit.

Nur mit der Einbeziehung der Lebenswirklichkeiten verschiedener Menschen, individueller und gesellschaftlich bedingter Präferenzen, Bedarfe und Entscheidungsmuster, können neue und innovative Mobilitätsstrukturen und -kulturen entstehen, die eine gendergerechte Teilhabe ermöglichen und Optionen zur Entscheidung für nachhaltigere Verkehre offen halten.

Prof. Dr. Brigitte Wotha,
Fachhochschule Kiel

https://www.kreis-stormarn.de/lvw/forms/5/ 52/MobilitaetsbeduerfnisseOePNVGenderKreis-StormarnEndbericht.pdf

Projekt Ju*gend
Sensibilisierung und passende Werkzeuge
Die Studie „Zukunft? Jugend fragen!" des Bundesumweltministeriums von 2021 zeigt, dass ökologische und soziale Anliegen für junge Menschen zusammengehören. Sie zeigt auch, dass in Jugendumweltverbänden FLINTA* (Frauen, Lesben, inter*, nicht-binäre*, trans* und agender* -Menschen eine wichtige Rolle spielen. Allerdings ist das bislang eher bei der Repräsentation als in der Themensetzung etwa in Bezug auf Fragen der Geschlechtergerechtigkeit der Fall.

Das Projekt „Ju*gend – Jugend, Gender & Klimagerechtigkeit" des internationalen Netzwerkes GenderCC – Women for Climate Justice will zusammen mit verschiedenen Jugendumweltverbänden ein innovatives Tool zur Überprüfung der Genderwirkungen von Maßnahmen entwickeln. Ziel ist es, die Aktiven in Jugendverbänden für das Thema Geschlechter- und Umweltgerechtigkeit zu sensibilisieren, damit sie in ihrer klima- und umweltpolitischen Arbeit die eigenen Kampagnen, Maßnahmen und Forderungen gendergerecht gestalten können.

Im Juli 2022 fand das Auftakttreffen des Projektes statt. Vertreter*innen von Jugendumweltverbänden kamen aus ganz Deutschland in Berlin zusammen, um zu diskutieren, wie sich das Thema Intersektionalität (verschiedene Erfahrungen von Diskriminierung treffen zusammen und verstärken sich gegenseitig) in der Klimapolitik der Jugendverbände besser verankern lässt. Im September und Oktober 2022 gab es weitere Treffen, um gemeinsam ein innovatives Tool zu entwickeln und zu erproben. Die beiden Workshops zeigten vor allem, dass es wichtig ist, das Tool den Anforderungen der Zielgruppe und deren jeweiligen Maßnahmen im Klimabereich anzupassen. Der erste Vorschlag in Form eines schnellen und vertieften Checks auf Intersektionalität wurde beim Treffen im Oktober anhand von Beispielen aus der Praxis erprobt und wird aktuell weiterentwickelt.

Im Jahr 2023 liegt der Fokus des Projektes auf der Veröffentlichung des intersektionalen Checks für Klimamaßnahmen. Es wird vier Workshops zu Geschlechter- und Klimapolitik geben, bei denen auch vermittelt werden soll, wie der intersektionale Check die eigene Arbeit in den Jugendumweltverbänden unterstützen kann. Für den Herbst ist zum Abschluss des Projektes ein Barcamp zu Intersektionalität und Klimagerechtigkeit geplant.

Farina Hoffmann, GenderCC

https://www.gendercc.net/our-work/current-projects/youth-gender-climate-justice.html

Gender Budgeting
Gleichstellungspolitik in Zahlen

Ob Nahverkehr, Sportangebote oder Bildung: Männer und Frauen können in unterschiedlicher Weise von haushaltspolitischen Entscheidungen betroffen sein. Hier setzt Gender Budgeting an: Bei der Aufstellung, Ausführung und Rechnungslegung des Haushalts muss die Geschlech-

terperspektive regelmäßig berücksichtigt werden. Wesentliche Elemente dafür sind Verfahren zur systematischen Analyse der Wirkung von öffentlichen Leistungen auf Männer und Frauen, konkrete Gleichstellungsziele, zielorientierte Leistungssteuerung und ein kennzahlengestütztes Controlling mit Budgetbezug.

Nun hat Hamburg erstmals für das Haushaltsjahr 2022 einen „Bericht über die gleichstellungswirksamen Haushaltsplanziele und -kennzahlen" vorgelegt. Darin werden Art und Umfang der von den Behörden und Ämtern zu erbringenden Leistungen in Form von Zielen und Kennzahlen mit Geschlechterbezug dargestellt.

Möglich wurde das, weil die Hamburger Bürgerschaft im Jahr 2021 § 1 der Landeshaushaltsordnung dahingehend ergänzt hatte, dass „bei der Aufstellung und Ausführung des Haushalts den Grundsätzen der Wirkungsorientierung insbesondere unter Berücksichtigung des Ziels der tatsächlichen Gleichstellung der Geschlechter sowie des Prinzips der ökologischen, ökonomischen und sozialen Nachhaltigkeit Rechnung zu tragen ist." Der Bericht über die gleichstellungswirksamen Haushaltsplanziele und -kennzahlen erscheint künftig einmal jährlich nach Ende des Haushaltsjahres. (ao)

www.hamburg.de/contentblob/16918670/3d-56f339996adf565b0305764f8f9dbf/data/dl-gwhs-bericht.pdf

Medien

Scholz, S. / Heilmann, A. (Hrsg.): Caring Masculinities?

Diese Publikation fügt der Debatte um Postwachstum und die aktuelle Situation des Kapitalismus einen lange unterbelichteten Aspekt hinzu: den des Verhältnisses von hegemonialer Männlichkeit, Wachstum und Kapitalismus. Dieses soll näher beleuchtet und untersucht werden. In diesem Such- und Diskussionsprozess wird Neues gedacht und diskutiert, und bereits Bekanntes neu in Verbindung gebracht.

Die hegemoniale Männlichkeit beruhe, so die Grundannahme auf Erfolg, Macht, Kontrolle, Expansion und der Unterdrückung und (rassistischen) Kolonisierung aller »anderen«, vor allem von Frauen und nicht-hegemonialen Männern. Dieses Modell werde aber von innen und von außen infrage gestellt: Durch den Widerstand der »anderen«, durch die Pluralisierung der sexuellen Orientierungen und durch die Verweigerung vieler Männer, bei diesem Modell weiter mitzumachen. Der Männer, die Sorge für sich selbst und andere übernehmen wollen, die positive Emotionen, gegenseitiges Angewiesensein und soziale Beziehungen wertschätzen und propagieren, individuell im klassischen privaten Raum, im Beruf, und in der Gesellschaft. Der Neoliberalismus untergrabe nicht zuletzt durch Flexibilisierung und Lohnsenkungen den bisher dominanten kulturell sichtbaren Habitus des männlichen Alleinernährers. Zu fragen sei auch, welche Konturen von Männlichkeit eine Postwachstumsgesellschaft aufweisen müsse, bzw. welche den Weg dorthin unterstützen und fördern könnten?

Politisch wird gefordert, die Dominanz zurückzuweisen, die tiefsitzenden „mentalen Strukturen" (Harald Welzer) der imperialen Lebensweise (Ulrich Brand / Markus Wissen) zu verändern. Dabei ist niemand naiv. Es könne jetzt nicht darum gehen, ein romantisches Sehnsuchtsbild einer sorgenden „Caring Masculinity" identitär aufzuladen oder dieses womöglich klassenblind vor allem für eine postmaterialistische Mittelschicht zu propagieren. Vielmehr, so der Tenor vieler Artikel, gehe es darum, Strukturen zu erkennen, und diese auch zu verändern. Caring ist, wie Geschlecht, eine Praxis, ein fortwährender Prozess. Wenn Geschlecht eine Praxis ist, dann ist es auch veränderbar. Dass die hegemonialen Männlichkeiten transformiert werden müssen, wenn es um eine sozial-ökologische Wende gehen soll, das zeigen die 15 Beiträge verschiedener Disziplinen dieser Publikation mehr als eindringlich. Ein trotz seiner soziologisch-akademischen Fachsprache sehr wichtiges und lesenswertes Buch!

Bernd Hüttner

Scholz, Sylka / Heilmann, Andreas (Hrsg.): Caring Masculinities? Männlichkeiten in der Transformation kapitalistischer Wachstumsgesellschaften.
oekom Verlag, München 2019, 268 S., 26,00 €, ISBN: 978-3-96238-120-2
Auch als E-Book erhältlich

Winker, G.: Solidarische Care-Ökonomie

Fürsorge und tragende soziale Beziehungen machen uns Menschen stark. Gewährleistet werden sie durch die tägliche Sorgearbeit von Eltern, Verwandten und Freund*innen, Alleinerziehenden, Erzieher*innen und Lehrer*innen, in Pflege und Sozialarbeit. Care-Arbeit macht zwei Drittel aller Arbeitsstunden aus, wird hauptsächlich von Frauen* erbracht und ist typischerweise schlecht vergütet oder unentlohnt. Hier treffen sich zwei Krisen: die weltweite Ausbeutung »weiblicher« Arbeitskraft und die weltweite Ressourcen-Ausbeutung. Der ka-

pitalistische Verwertungsprozess bedient sich sowohl der Natur als auch der zumeist von Frauen* geleisteten Sorgearbeit, beide scheinen als unerschöpfliche Billigressourcen »von Natur aus« zur Verfügung zu stehen. Das Resultat ist Überlastung sowohl im Bereich der Sorgearbeit wie auch der Ökosysteme, wo die Übernutzung in Klimakatastrophe und Biodiversitätskrise mündet.

Der Band „Solidarische Care-Ökonomie" der Sozialwissenschaftlerin Gabriele Winker, Mitgründerin des Netzwerks Care Revolution, führt beide Krisen zusammen: die Krise sozialer Reproduktion mit der Krise ökologischer Reproduktion. Denn Pflegenotstand und Klimakrise speisen sich aus denselben Un-Wertvorstellungen. Die Autorin spannt einen weiten Bogen: von neoliberaler Kostensenkungspolitik über Kipppunkte des Klimasystems zur Verquickung beider Krisen bis hin zur Bandbreite solidarischen Wirtschaftens in der Praxis. Überaus faktenreich, dicht, eindringlich und leidenschaftlich nennt sie die Bezüge im neoliberalen Kapitalismus beim Namen.

„Diese Analyse macht zunächst hilflos", schreibt Gabriele Winker. Ja. Bis wir beginnen, mit ihr über den Buchrand hinaus in die Zukunft zu blinzeln: Was wäre, wenn ausreichend Zeit für die Aufgaben in Haushalt, Erziehung und Pflege zur Verfügung stünde? Was wäre, wenn auch diejenige, die viele Jahre umfassend für andere gesorgt hat, im Alter ein gutes Auskommen hätte? Was wäre, wenn Wohnungswesen und öffentliche Daseinsfürsorge dem

Markt entzogen wären? Wie sähe eine bedürfnis- statt marktgesteuerte Güterproduktion aus? Wie viel Kreativität, Partizipation und politisches wie zivilgesellschaftliches Engagement wären mit Grundsicherung und bei deutlich reduzierter Erwerbsarbeitszeit möglich! Es sind Perspektiven, die Mut machen – und der Text macht Lust, mit anzupacken.

Stringent fließt im Konzept der Care Revolution zusammen, was zusammengehört. Gabriele Winker zielt auf neu auszuhandelnde Regelwerke jenseits der Grenzen von Markt- und Profitlogik und auf Empowerment über die eigene Blase hinaus. Sie appelliert an den Schulterschluss von Klima- und Care-Bewegung mit weiteren sozialen Bewegungen. Alle, die sich offen und ökofeministisch in Care-Arbeit, in Nachhaltigkeits-, Klima- und Gerechtigkeitsinitiativen für Wohlergehen statt Wohlstand engagieren, können dabei an Kraft und Sichtbarkeit nur gewinnen. Im Fokus steht die Vision einer solidarischen Gesellschaft mit gelingenden Sorgebeziehungen und intakten Ökosystemen, die Regeneration und Wertschätzung über Wertschöpfung stellt. Dem Leben wieder gerecht werden, das ist der Auftrag an uns alle.

Susanne Schlatter

Solidarische Care-Ökonomie. Revolutionäre Realpolitik für Care und Klima.
transcript, Bielefeld 2021,
216 S., 15,00 €,
ISBN: 978-3-8376-5463-9

Kurz notiert

Heinrich-Böll-Stiftung,
Rosa-Luxemburg-Stiftung (Hrsg.):
»Gender raus!«
Zwölf Richtigstellungen zu Anti-
feminismus und Gender-Kritik.
Berlin, 2018.
Open Access: www.gwi-boell.de/sites/
default/files/gender_raus_epdf_2.pdf

Scheele, Alexandra / Roth, Julia /
Winkel, Heidemarie (Hrsg.):
Global Contestations
of Gender Rights.
Bielefeld University Press, Bielefeld 2022,
354 S., ISBN: 978-3-8376-6069-2
Open Access: www.bielefeld-university-
press.de/978-3-8376-6069-2/global-
contestations-of-gender-rights/

Women Engage for a
Common Future (WECF):
Transformative Pathways.
Climate and gender-justice
alternatives to intersecting crises.
München 2022. Open Access:
www.wecf.org/wp-content/uploads/
2022/10/WECF_libro_Transformative_
Pathways_221018_compressed.pdf

Criado-Perez, Caroline:
Unsichtbare Frauen. Wie eine von
Daten beherrschte Welt die Hälfte
der Bevölkerung ignoriert.
btb Verlag, München 2020, 515 S.,
16,00 €, ISBN: 978-3-442-71887-0

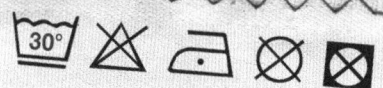

100%
Nachhaltigkeit

*Klimaklagen am
Internationalen Gerichtshof*

*Land und Raum in
der Multikrise*

*Klimaschutz und
soziale Gerechtigkeit*

SPEKTRUM NACHHALTIGKEIT

Die gesellschaftliche Diskussion um die Zukunft ist
vielschichtig. Im Spektrum Nachhaltigkeit veröffentlicht die politische ökologie deshalb – unabhängig
vom jeweiligen Schwerpunktthema – Fachbeiträge,
die sich mit verschiedenen Aspekten der Nachhaltigkeit auseinandersetzen. – Viel Vergnügen beim
Blick über den Tellerrand!

Klimaklagen und Klimaflucht

Die Rolle des Internationalen Gerichtshofs

Von Roda Verheyen

▬▬▬Klimaklagen sind weltweit ein zunehmend erfolgreiches Mittel im Kampf gegen die Klimakrise. Sie können Staaten und Firmen zu verstärkten Maßnahmen zur Emissionsreduktion verpflichten. Um Staaten zum Handeln zu bewegen, stehen exemplarisch die Klagen der Organisation Urgenda in den Niederlanden (2015–2019) und der Klimabeschluss des deutschen Bundesverfassungsgerichts vom März 2021, bei dem auch wir junge Menschen vertreten haben. Um Firmen geht es bei dem Urteil des Bezirksgerichts Den Haag gegen Royal Dutch Shell (Mai 2021) und bei den Verfahren gegen die großen Unternehmen der deutschen Automobilindustrie (VW, BMW und Mercedes) sowie der Klage eines peruanischen Klägers gegen die RWE AG, um die Übernahme von Kosten für die Folgen des Klimawandels durchzusetzen. Diese Klagen sind auch ein Mittel, den Klimawandel als Fluchtursache zu bekämpfen. Vor diesem Hintergrund hat die Fachkommission Fluchtursachen der Bundesregierung in ihrem 2021 vorgelegten Bericht auf Klimaklagen als Mittel zur Durchsetzung individueller Rechte hingewiesen und die Schaffung eines Fonds für Pionierklagen erwogen.

Grundlage für alle Klagen ist mittlerweile das Pariser Klimaabkommen von 2015. Der völkerrechtliche Vertrag normiert ein globales Temperaturziel – deutlich unter zwei und möglichst 1,5 Grad Celsius globale Erwärmung – und die Verpflichtung, sich als Vertragsstaat selbst Ziele zu setzen, um dieses globale Ziel zu erreichen. Es beinhaltet rechtliche Schnittpunkte zu Menschenrechten und auch Regelungen zur Klimaanpassung und Kosten. Mit den bisherigen, freiwillig eingegangenen Verpflichtungen der Staaten wird das Ziel – ohne jeden Zweifel – nicht erreichbar sein. Ohnehin ist Völkerrecht eben das Recht zwischen Völkern und der Weg zu Ansprüchen Einzelner ist weit. Nationale Gerichte – wie das Bundesverfassungsgericht (BVG) – drängen aber jetzt dennoch erfreulicherweise darauf, das Paris-Abkommen umzusetzen.

Solche Klagen, vor allem gerichtet auf Klimaschutz, also die Reduktion von Treibhausgasemissionen, haben aber bisher nur beschränkte Auswirkung auf das konkrete Thema Klimaflucht und das weitere Themenfeld der Klimagerechtigkeit. So mussten die Niederlande nach dem Urteil in Sachen Urgenda aufgrund der Schutzwirkung der europäischen Grundrechte, bezogen auf 2020, mehr Emissionsreduktionen realisieren als eigentlich politisch geplant. Das BVG erkannte die Klimafolgen zwar als menschenrechtsrelevant an, machte dann aber einen juristischen Umweg: Es stützte sich für den Beschluss, der das damalige Klimaschutzgesetz Deutschlands als unzureichend kassierte, nicht auf die Schutzpflichten des Staates, sondern auf das Recht auf zukünftige Freiheit bei der Emission von Treibhausgasen. Gestützt auf das Grundgesetz – allgemeine Freiheitsrechte aus Artikel 2, verbunden mit der Staatszielbestimmung Umweltschutz in Artikel 20a –, bestätigte es damit die Notwendigkeit der Einhaltung der Vorgaben des Paris-Abkommens.

Klimaschutz als Menschenrecht

Anerkannt haben aber beide Gerichte, dass sich Staaten beim Klimaschutz nicht darauf zurückziehen dürfen, dass sie nur einen kleinen Teil der weltweiten Emissionen verursachen („drop in the ocean"), sondern – bezogen auf die Realitäten eines maximalen CO_2-Budgets, basierend auf dem Pariser Temperaturziel – ihren fairen Teil („fair share") leisten müssen. So hat auch der brasilianische oberste Gerichtshof 2022 auf eine Klage von vier politischen Parteien entschieden, dass das Paris-Abkommen ein Menschenrechtsvertrag sei und sich damit alle nationalen Gesetze an ihm (und den Klimazielen) auszurichten haben.

Auch beim Europäischen Menschenrechtsgerichtshof in Straßburg – bei dem Staaten dann verklagt werden, wenn nationale Gerichte nicht helfen – sind mehrere Klimaklagen anhängig. Dort geht es um die Fragen: Ist Klimaschutz ein Menschenrecht auf Grundlage der Europäischen Menschenrechtskonvention? Welche konkreten Schutzpflichten hat dann der Staat, und hat er diese Pflichten nur gegenüber seinen eigenen Bürgerinnen und Bürgern? Insgesamt allerdings argumentieren die Gerichte meist noch immer mit einem notwendigen Mindestmaß an Klimaschutz und ordnen eine Verbesserung des Status quo an, ohne genaue Budgets oder Reduktionspfade langfristig genau vorzugeben. Global gesehen, ist das unzureichend, aber eben im Gewaltenteilungsgrundsatz begründet. Richtersprüche zu staatlichen Pflichten bei Kosten und der Durchführung von Anpassungsmaßnahmen oder zur Schadensbeseitigung fehlen zudem völlig.

Ein Beispiel: Deutschland allein ist für jährlich knapp zwei Prozent der weltweiten Treibhausgasemissionen verantwortlich und muss sich, so das BVG, nachvollziehbar auf Treibhausgasneutralität ausrichten. Schlüssig sei dabei, das noch anzunehmende CO_2-Budget global nach Pro-Kopf-Maßstäben zu verteilen. Der viel größere CO_2-Fußabdruck Deutschlands und die Frage, ob es eigentlich gerecht ist, trotz der extremen historischen Verantwortung Deutschlands an der Klimakrise die noch vorhandenen Freiräume weltweit pro Kopf zu verteilen, blieben bei der gerichtlichen Entscheidung außer Betracht.

Ebenfalls außer Betracht blieben in dieser Entscheidung – aufgrund des Beschwerdegegenstands, der allein das Bundesklimaschutzgesetz betraf – wie auch bei den anderen Entscheidungen in den Fällen, bei denen es um staatliches Handeln geht, die konkreten Pflichten global agierender privater Emittenten. Wo Staaten Pflichten haben, sind private Akteure ja nicht automatisch pflichtenlos. Grundlegend richtig fasst der Rechtswissenschaftler Gerd Winter das Verhältnis Privater in der Klimakrise zusammen: „Treibhausgasemissionen verlaufen »horizontal«, sie gehen von Privaten aus und betreffen Private; der regulierende Staat ist kein Verursacher, seine Regulierung schützt die Betroffenen, legt ihnen aber keine Duldungspflicht auf." Die Frage, die Zivilgerichte nun also beschäftigt, lautet: Kann ein privater einen anderen privaten Akteur verklagen, wenn ihn die Folgen des Klimawandels treffen? Oder muss er diese Folgen – im Fall des peruanischen Klägers eine möglicherweise tödliche Gletscherflut – hinnehmen, also dulden? In dem 2022 eröffneten Verfahren gegen Volkswagen argumentieren die Kläger so: Durch die bisherigen (schon übermäßigen) Emissionen steht nur noch ein begrenztes CO_2-Budget zur Verfügung, um im Rahmen des Temperaturziels des Paris-Abkommens zu bleiben und die weitere Destabilisierung des Weltklimas zu verhindern. Das gilt für Staaten ebenso wie für große Einzelemittenten. So haben die Richter*innen im Fall Shell im Mai 2021 schon entschieden.

Zivilrechtliche Klagen können also vielleicht (jedenfalls gegenüber einzelnen Unternehmen und für einzelne Betroffene) Schadensverhinderung und -ausgleich erreichen. Zivilrechtliche Klagen müssen auch nicht an staatlichen Grenzen haltmachen – globalisierte Wirtschaft geht schließlich mit Emissionen in verschiedenen Ländern einher. Vielleicht kann, neben den andauernden Verhandlungen zu Verlusten und Schäden („Loss and Damage"), auf der Ebene der Klimarahmenkonvention durch erfolgreiche Urteile erreicht werden, dass Unternehmen und Staaten freiwillig einen Fonds für Betroffene füllen.

Aber Urteile, die die größeren Fragen entscheiden, sind bisher ausgeblieben. Das wäre die Frage nach der gerechten Verteilung verbleibender Emissionsrechte innerhalb des Paris-konformen Budgets („fair share"), die Frage der Regulierungsverpflichtung gegenüber Privaten, die Frage der Verteilung von Kosten des Klimawandels und der Anpassung sowie die Frage der Verantwortung für die Unbewohnbarkeit ganzer Landstriche und Inseln.

Internationalen Gerichtshof für Klimagerechtigkeit nutzen

Seit Jahrzehnten wird die Forderung vertreten, einen Weltgerichtshof für Umweltfragen einzurichten. Aber bis dahin ist es noch ein langer und steiniger Weg. Es müsste ein völkerrechtlicher Vertrag verhandelt und abgeschlossen werden, das Mandat geklärt und der Gerichtshof ausgestattet werden und nicht zuletzt müssten Staaten seine Zuständigkeit anerkennen. Um globales Handeln zu stärken und einige der benannten wichtigen Fragen zu klären, kann und sollte deshalb aus unserer Sicht sofort der bestehende Internationale Gerichtshof (IGH) angerufen werden. Der IGH entscheidet aufgrund seines Statuts entweder Fälle im Konfliktfall zwischen Staaten, oder er gibt Rechtsgutachten („Advisory Opinion") ab. Bis heute ist der IGH im Hinblick auf den Klimawandel oder die Auslegung von Völkerrecht nicht tätig geworden – und das, obwohl die Klimakrise in all ihren Facetten offensichtlich grundlegende globale Fragen des Rechts, auch die Auslegung von Völkerrecht, betrifft. Was genau heißt denn das als völkerrechtliches Gewohnheitsrecht akzeptierte „No-harm-Prinzip" (kein Staat soll dem anderen durch Tätigkeiten auf seinem Territorium Schaden zuführen) im Klimakontext? Was passiert, wenn mit dem

Anstieg des Meeresspiegels ganze Staaten verschwinden, wie die kleinen Inselstaaten im Südpazifik?

Der IGH hat schon mehrere umweltpolitisch umstrittene Fälle verhandelt und so das jeweilige Rechtsgebiet weiterentwickelt – eine Rolle, die ihm auch bezüglich der Klimakrise zustehen kann. Als Rechtssprechungsorgan der Vereinten Nationen (UN) genießt der Gerichtshof eine hohe moralische Autorität und hat die Möglichkeit, umfassende Fragen zur Klimakrise direkt durch ein Rechtsgutachten anzugehen. Dieses kann sowohl eine einfache Mehrheit der Generalversammlung oder eine UN-Sonderorganisation (beispielsweise das Flüchtlingskommissariat UNHCR oder die Welternährungsorganisation FAO) zu Rechtsfragen aus dem jeweiligen Zuständigkeitsgebiet anfordern. Das Rechtsgutachten ist zwar im Gegensatz zu Urteilen nicht rechtsverbindlich, kann aber trotzdem durchaus staatliche Maßnahmen rechtfertigen, weil Staaten dann davon ausgehen, dass das bestehende Völkerrecht auch bei einem streitigen Fall zwischen Staaten entsprechend ausgelegt würde. Ein solches Rechtsgutachten könnte auch die Verhandlungen um „Loss and Damage" im Klimaregime beeinflussen. Denn obwohl bei der letzten Vertragsstaatenkonferenz in Ägypten hier ein wichtiger Schritt gemacht wurde, sind viele Fragen weiterhin offen.

Im Gegensatz zu einer streitigen Klage können bei einem Rechtsgutachten alle gestellten Fragen auf übergeordneter Ebene behandelt werden und somit Grundsätze entwickelt werden, die sich auf viele einzelne Fälle anwenden lassen. Es geht dort nicht darum zu beweisen, dass ein Mensch durch eine bestimmte Klimafolge in seinen Rechten betroffen ist, es geht also nicht um die enge Kausalität, sondern Klimagerechtigkeitsthemen können hier nach dem Maßstab der völkerrechtlichen Verträge und des Völkergewohnheitsrechts adressiert werden. Anders als etwa ein nationales Verfassungsgericht ist der IGH aufgrund seiner allgemeinen internationalen Zuständigkeit jedenfalls im Ansatz in der Position, alle Fragen zu den völkerrechtlichen Regeln des Klimaschutzes zu bewerten und die Verpflichtungen der Staaten klarstellend zu formulieren.

Konkrete Verpflichtungen fehlen

Eine aktuelle Kampagne für ein Rechtsgutachten des IGH zur Klimagerechtigkeit organisiert die World's Youth for Climate Justice (WYCJ), die 2019 von einer Gruppe pazifischer Studierender gegründet wurde. Die jungen Menschen fordern eine Formulierung für eine Gutachtenfrage an den IGH, die die Verbindung von Menschenrechten und der Klimakrise in den Fokus stellt. Sie wollen, dass der IGH sowohl die Rechte heutiger und künftiger Generationen angesichts der Krise klärt als auch die damit verbundenen staatlichen Verpflichtungen. Zur Erinnerung: Obwohl das Bundesverfassungsgericht und der brasilianische Gerichtshof anerkennen, dass Klima- und Menschenrechtsschutz untrennbar verbunden sind, wurden international bisher daraus keine konkreten Verpflichtungen einzelner Staaten abgeleitet. Das Paris-Abkommen setzt zwar ein verbindliches Temperaturziel, aber ansonsten setzt es auf freiwillige Verpflichtungen seiner Vertragspartner, wie dies zu erreichen ist. Ziel eines Rechtsgutachtens sollte sein, staatliche Klimaschutz-anstrengungen und Anpassungsmaßnah-men als Schutz der Menschenrechte zu defi-nieren und festzulegen. Eine progressive In-terpretation der staatlichen Verpflichtungen (Stichwort „fair share") könnte insgesamt den Klimaschutz voranbringen. Die Initiati-ve wird unterstützt beispielsweise von Mary Robinson, vormals UN-Hochkommissarin für Menschenrechte. Der Inselstaat Vanuatu setzt sich aktuell für eine entsprechende Resolution der UN-Hauptversammlung ein. Auch zu der Frage, welche Rechtspositionen bei Flucht und Migration die Klimakrise be-treffen und welche Pflichten diesbezüglich entstehen, könnte der IGH nützliche Schrit-te gehen, denn auch die Mindeststandards zum Schutz von Flüchtenden werden durch internationale Menschenrechtsvereinbarun-gen festgelegt. Sie bieten eine Grundlage, um zu beurteilen, welche Rechte (Recht auf Leben, Gesundheit, Wohnung, etc.) durch die Klimakrise beeinträchtigt werden, und damit auch einen relevanten Anhaltspunkt für den Rechtsstatus der Fliehenden und den entsprechenden Umgang der Staaten mit Migrant*innen.

Welchen rechtlichen Stellenwert Klimafol-gen haben, kann durch eine detailliertere Erörterung des Zusammenhangs von Men-schenrechtsverletzungen und der Klimakrise durch den IGH auch mit Wirkung für kon-krete Verpflichtungen von Staaten geklärt werden – zum Nutzen aller besonders durch den Klimawandel Betroffenen. Nach Aussa-gen des Weltklimarates sind das bis zu 3,6 Milliarden Menschen.

Nationale Klimaklagen sind ein Ausgangs-punkt zur Verdeutlichung der menschen-rechtsrelevanten Eingriffe in Rechtspositio-nen weltweit. Aber sie können aufgrund der Verankerung auf nationaler Ebene nicht weit genug zur rechtlichen Klärung der Ver-antwortung von Staaten beitragen. Dem IGH sollte ermöglicht werden, im Rahmen einer Advisory Opinion Stellung zu bezie-hen. Aus unserer Sicht würde das eine Lücke füllen und gleichzeitig Material liefern, mit dem sich Menschen wiederum an ihre – hof-fentlich durchsetzungsstarken – nationalen Gerichte wenden können, um effektiven Kli-maschutz und Schutz vor den Folgen des Klimawandels und der Verschärfung von Fluchtursachen einzufordern. ⎯⎯■

Anmerkung

Dieser Text entstand in Zusammenarbeit mit Lou Töllner, Bucerius Law School, Hamburg. Er stellt eine gekürzte Fassung des gleichnamigen Buchar-tikels dar.

Zur Autorin

Dr. Roda Verheyen ist Rechtsanwältin. Sie ver-tritt Beschwerdeführer*innen bei Klimaklagen, so gegen die RWE AG und Automobilkonzerne, oder als Prozessbevollmächtigte vor dem Bundes-verfassungsgericht. Seit 2021 ist sie Mitglied des Hamburgischen Verfassungsgerichts.

Kontakt

Dr. Roda Verheyen
E-Mail verheyen@rae-guenther.de

Natürlicher Klimaschutz als strategische Ökosystementwicklungsplanung

Land und Raum in der Multikrise

Von Pierre L. Ibisch

Im Sommer 2022 legte das Bundesumweltministerium einen Entwurf für das vier Milliarden Euro schwere Aktionsprogramm „Natürlicher Klimaschutz" vor. Es geht für zunächst vier Jahre um einen naturbasierten Umgang mit der Klimakrise, die Zusammenführung von Natur- und Klimaschutz. Das Programm setzt das bundespolitisch längst überfällige Signal, dass die Klimakrise nicht allein technisch zu bewältigen ist und die verschiedenen Umweltkrisen zusammengedacht sowie integriert bekämpft werden müssen.

Mehr noch, es bringt die Natur wieder als Lebensgrundlage ins Spiel, nachdem der Naturschutz jahrzehntelang in einer Nische verkam, in der man sich um Schönes, Seltenes und Bedrohtes kümmerte, soweit das die Wirtschaftslage zuließ und »noch Platz war«. Naturschutz wurde zu oft als Maßnahme zur Bewahrung einzelner Arten kommuniziert und in der Gesellschaft meistens entsprechend verstanden. Es ging regelmäßig um Taxa mit skurrilen Namen wie Juchtenkäfer, Mopsfledermäuse oder Wasserschierlingsfenchel, die als „Baustopper" oder Bremser von Wachstum und Innovation in die Tageszeitungen kamen. Auf der anderen Seite gibt es - vor allem international - schon lange einen Diskurs zur Landnutzung im Klimawandel und zu dem Beitrag der Landnutzungsveränderungen

zur Klima- und Biosphärenkrise. Entsprechende Vorschläge, sich ein ökosystembasiertes Klimamanagement und ein klimawandelintegriertes Ökosystemmanagement vorzunehmen, lieferte die Wissenschaft schon vor über einem Jahrzehnt. Nur langsam reifte die Erkenntnis, dass die global schädlichen Praktiken der Landnutzung oft gleichermaßen problematisch für den lokalen und regionalen Naturhaushalt und die Funktionstüchtigkeit der Ökosysteme sind. Jetzt also endlich „Natürlicher Klimaschutz". Der vorgelegte Entwurf spricht eine größere Palette von Handlungsfeldern an und zielt auf ihre Verknüpfung ab. Dabei geht es auch um die Integration von Strategien, die es auf nationaler und europäischer Ebene gibt (u. a. Boden, Klima, Wasser, Klimawandelanpassung, Wald, Wiederherstellung, entwaldungsfreie Lieferketten etc.). Das Programm soll die Forschung zum Thema fördern und von einem neuartigen Umweltmonitoring begleitet werden.

Eine Kernfrage bleibt: Schafft das Programm wirksame strategische Hebel, deren Wirkung über einen warmen Ressourcenregen in der Hitze der Klimakrise hinausgeht? Es gibt zwei zentrale strategische Herausforderungen, ohne deren Lösung die notwendige sozial-ökologische Transformation nicht erreicht werden kann. Dabei geht es zum einen um die Lebensstil- und Konsumfrage sowie zum anderen um die Nutzung von Land und Raum. Hier soll ein Blick auf das Land geworfen werden, das nicht nur den natürlichen Klimaschutz leisten, sondern auch uns Menschen (er)tragen muss.

Unser Platz zum Sein und Leben

Land ist ein uraltes Wort für das, worauf und worin wir leben. Es umfasst sowohl das Substrat, also den Boden, als auch die Fläche und das Territorium, das in der Regel als Eigentum oder hoheitlich beansprucht wird. Der Begriff wird verwendet, um die Menschen, die »auf dem Land wohnen«, von den Städter*innen zu unterscheiden; es gibt Siedlungen und den ländlichen Raum. Land hat politische, juristische, soziologische, ökonomische und nicht zuletzt ökologische Bedeutungen, die in den verschiedenen Gesellschaften mehr oder weniger miteinander verwoben oder voneinander entkoppelt wurden. Das Land umfasst unterschiedliche Eigentumsarten, menschgemachte Grenzen und Infrastruktur, vor allem aber Ökosysteme aller Art – wie etwa Wälder, Äcker, Gewässer oder Moore. Das Land ist unser »Platz zum Sein« und der Ort, wo sich die Naturressourcen befinden, von denen wir leben. Diese Ressourcen kommen ober- und unterirdisch vor; einige können sich erneuern, andere werden irreversibel konsumiert oder zerstört.

Nach der Landnahme folgte der Landbau. Fortschritt bedeutete bisher, dass wir Natur zähmten und sie in Kulturlandschaften umbauten. Das Projekt der menschlichen Entwicklung war die Emanzipation von einer nicht berechenbaren, störrischen und manchmal gefährlichen Natur. Vor etwa 150 Jahren schwante immer mehr Menschen, dass das nicht beliebig so weitergehen konnte. Sie erfanden den Naturschutz. An die Seite der das Land unter sich aufteilenden konventionellen Nutzungen trat nun scheinbar ein weiterer Konkurrent um Land und Raum.

Haben wir dafür noch Platz? In der vollen Welt mit den überbordenden menschlichen Ansprüchen an den Raum, mit der immer schneller voranschreitenden Bebauung, Versiegelung und Zerschneidung sowie den immer neuen Verwendungsmöglichkeiten von allem, was die Natur so produziert, wird Naturschutz häufig als Zumutung empfunden. Längst hat sich die Beweislast umgekehrt. Es ist aufwendiger und schwieriger zu rechtfertigen, dass ein Raum nicht direkt genutzt werden sollte, als eine überkommene Nutzung fortzuführen, selbst wenn offensichtlich ist, dass sie dem Naturhaushalt schadet. „Wie viele Wölfe können wir uns leisten?", lautet die Frage – und nicht: „Wie schützen wir unsere Nutztiere effektiv vor Wildtieren?" Die Größe von Ackerschlägen wird nicht von den Funktionen der Hecken her gedacht, sondern ausgehend von der kurzfristig effizienten Maschinen- und Flächennutzung. Für viele Akteure der Forstwirtschaft kann nur ein genutzter Wald gesund bleiben, während jegliche Holzernteeinschränkung die maximale Bedrohung darstellt, die gern mit dem Substantiv „Stilllegung" gebrandmarkt wird.

Diese Art zu denken und die Natur zu vernutzen hat uns die Multikrise beschert: Atmosphäre, Biosphäre, Hydrosphäre und Pedosphäre in rascher Veränderung begriffen, multiple Stressoren zunehmend, die humanökologische Tragfähigkeit genauso wie die Pro-Kopf-Verfügbarkeit von Naturresssourcen rasch sinkend; das ganze System auf dem Weg in die Heißzeit und eine entsprechend neue, unbekannte Welt. Wir wollen es nicht wahrhaben, aber allein die schon »eingekauften« und unvermeidbaren Klimaveränderungen bedeuten, dass sich die Spielregeln für Landnutzung, Naturschutz und natürlichen Klimaschutz fortan mit jedem Jahr auf noch unbekannte Weise ändern. Was ist, wenn es nicht mehr selbstverständlich ist, jedes Jahr verlässliche Agrarerträge zu erzielen? Das Naturraumpotenzial unseres Landes – geografisch und ökologisch verstanden – verschlechtert sich, während gleichzeitig die Externalisierung von Landnutzung und Umweltschäden nicht mehr akzeptabel erscheint.

Die Herausforderungen der »vollen und heißen Welt« gibt es überall, auf allen Kontinenten. Bisher galt, dass wir Futtermittel aus anderen Ländern importierten, wenn sie dort leichter und billiger produziert werden konnten und wir unser Land eher für die Produktion von Biokraftstoffen einsetzen wollten. Es war betriebs- und volkswirtschaftlich scheinbar clever, kalorienhaltige Nahrungsmittel wie Palmöl aus den Waldrodungsgebieten der Tropen herbeizuschaffen, anstatt ihre Produktion im Inland zu priorisieren. In Zukunft wollen wir entwaldungsfreie Lieferketten, und die Klimakrise wird eine ungeahnte Verknappung von Ressourcen wie Sonnenblumenöl oder Weizen bewirken, die man bislang bei Bedarf einfach nur irgendwo bestellen musste.

Die Nutzung von Land und Raum war schon vor der Multikrise der Natur komplex und kompliziert. Man hat das ganze Land und die Landnutzung zerlegt: in Gemarkungen, Flurstücke, Parzellen, Schläge, Bestände, Reviere, in Sektoren, Zuständigkeiten, Handlungs- und Politikfelder. Zur physischen Fragmentierung gesellt sich eine zersplitterte Governance. Das Problem dabei ist, dass Land nicht nur Fläche ist. Land ist Natur und die hört nicht auf, in großen Zusammenhängen zu funktionieren. Natur respektiert von Menschen erdachte Grenzen nicht, sie »passiert« nicht in Handlungsfeldern, sie ist ein komplexes und Arbeit verrichtendes Ökosystem. Vielleicht sollten wir zukünftig eher von einer Ökosystembewirtschaftung sprechen als von Landnutzung.

Verhandlungen über Ökosystemleistungen

Tatsächlich verhandeln wir ja längst über Ökosystemleistungen. Wir entdeckten erst die versorgenden, dann auch die kulturellen und schließlich die regulierenden. Wir wollen alles haben, immer und überall: Nahrung, Energie, Baumaterial, Erholungslandschaft, Inspiration, Kohlenstoffspeicherung und -festlegung, hinreichend und auch sauberes Wasser, angenehme Temperaturen. Nur kann man die Landschaftsökosysteme nicht so trimmen, dass sie das alles gleichermaßen liefern.

Das Problem ist allerdings kein Trilemma, wie es der Wissenschaftliche Beirat für Globale Umweltveränderungen 2020 in seinem Gutachten „Landwende im Anthropozän" benannte. Klimaschutz, Ernährung und Biodiversitätserhaltung stehen sich nicht in Konkurrenz gegenüber. Aus landschaftsökologischer Sicht ist es viel einfacher: Erst müssen die Ökosysteme auf der Grundlage der biologischen Vielfalt und ihrer ökologischen Interaktionen und Prozesse funktionieren – und zwar unter Bewahrung und Entwicklung ihrer Widerstandskraft und Entwicklungsfähigkeit. Das wird nur möglich sein, wenn wir der globalen Erwärmung effektiv Einhalt gebieten und gleichzeitig den Ökosystemen genügend Zeit und Raum lassen.

In der Klimakrise sind manche Ökosystemfunktionen eindeutig wichtiger als andere. Es geht darum, dass die Ökosysteme so kühl wie möglich bleiben, von Extremen verschont werden und einen möglichst ausgeglichenen Wasserhaushalt bewahren. Wie wäre es mit einer Klimaflurbereinigung? Wofür ist unser Land da? So sehr Ökosystem zu sein, wie nur irgend möglich! Es gibt naturgegebene Prioritäten und klimawandelgetriebene Anforderungen. Aber werden unsere Strategien und Gesetze diesen wirklich gerecht?

Deutschland ist ein Land mit einer beeindruckend differenzierten und zugleich untereinander unabgestimmten Gesetzgebung. Es gibt eine Naturschutz- und Landschaftspflegegesetzgebung samt Landschaftsplanung, die die Landesentwicklung nicht wirklich lenkt. Wir haben ein Raumordnungsgesetz (ROG), das die „nachhaltige Raumentwicklung" regeln soll, „die die sozialen und wirtschaftlichen Ansprüche an den Raum mit seinen ökologischen Funktionen in Einklang" bringen und „zu einer dauerhaften, großräumig ausgewogenen Ordnung mit gleichwertigen Lebensverhältnissen in den Teilräumen" führen möge (ROG, § 1). Hinzu kommen zum Teil auf Bundesebene und zum Teil auch in (einzelnen) Bundesländern Bodenschutz- und Wasserhaushaltsgesetze, Klimaschutz- und Klimawandelanpassungsgesetze, ein Landwirtschafts- und Landeskulturgesetz, Wald-

und Jagdgesetze. In manchen Ländern gilt ein Kahlschlagverbot, in anderen nicht; einige Länder formulieren quantitative Ziele für erneuerbare Energien oder Ökolandbau. Die Meeresentwicklung soll einem Ökosystemansatz folgen, an Land ist das nicht so.

„Der Raum ist in seiner Bedeutung für die Funktionsfähigkeit der Böden, des Wasserhaushalts, der Tier- und Pflanzenwelt sowie des Klimas einschließlich der jeweiligen Wechselwirkungen zu entwickeln, zu sichern oder, soweit erforderlich, möglich und angemessen, wiederherzustellen" (ROG, § 2).

In den Gesetzen finden sich viele derartige wichtige Aufgaben, die aber, vage oder einschränkend formuliert, oftmals keinen präzisen Auftrag für die Umsetzung vorgeben. Viele Regelungen sind weder überprüf-, noch einklagbar – und damit wertlos. Deshalb sind weder der Raum in Ordnung, noch die Natur effektiv geschützt.

Hier muss nicht nur überall nachgeschärft und quantifiziert werden, sondern es bedarf vor allem einer übergeordneten, ordnenden und gesetzlich verbindlichen Strategie, die hilft, unser Land als naturhaushaltendes Ökosystem zu verstehen und zu bewirtschaften, das sich dynamisch verändert.

Quantitative und verbindliche, aber anpassbare Ziele

Das könnte ein Ökosystementwicklungsgesetz sein, das die Bestimmungen zu Klima, Boden, Wasser, Natur und Kulturland integriert. Ein dringend benötigtes Instrument ist in jedem Falle eine strategische Ökosystementwicklungsplanung, die nicht – „soweit möglich" – auf einen unmöglichen Ausgleich zwischen Ungleichem abzielt, sondern uns hilft zu verhindern, dass dieses Land ein ökologisch entleerter Raum wird. Es geht um die Bewertung und Sortierung des Unverzichtbaren, des Wichtigen und des Wünschenswerten, und zwar konsistent von der kommunalen bis zur landschaftlichen und nationalen Ebene.

Dafür müssen sich die Fragen verändern, die wir dem Land stellen. Statt: „Wie lässt sich die Fahrtzeit zur nächsten Autobahn verkürzen?" vielmehr: „Wo und wie viel lässt sich die Fragmentierung von Wäldern reduzieren?" Sowie: „Wie sehr können wir die Landschaft an heißen Tagen durch Mehrung von Gehölzen kühlen?", „Wo muss wieviel Biomasse und Humus in ausgeräumte Agrarsteppen zurück?" Nicht erst entscheiden, wo die Fabrik stehen soll, sondern zunächst klären, wo das benötigte Wasser für ihren Betrieb (auch noch in zehn Jahren) herkommt.

Die Ziele sind nicht von hochfliegenden Wunschvorstellungen abzuleiten, sondern von Fakten und plausiblen Szenarien. Eine strategische Ökosystementwicklungsplanung muss quantitative und verbindliche, aber anpassbare Ziele hervorbringen, deren Einhaltung im Rahmen eines modernen nationalen Ökosystemmonitorings ständig überprüft wird.

Eine kritische Frage ist, ob man den strategischen Umgang mit Land, Raum und Ökosystemen allein den kommunalen Planer*innen überlassen kann. Bei der Betrachtung großer Landschaften und von Wassereinzugsgebieten unter Berücksichtigung des Klimawandels kommt es zu einer anderen Prioritätensetzung als beim gesetzestreuen Anwenden der lokalen Bauleitplanung. Durch die Föderalisierung und Kommunalisierung des Umgangs mit Natur ergeben sich vielleicht Vorteile für die Umsetzung, aber der große Blick für die Natur geht verloren. Die Erkenntnis ist nicht neu – deshalb gibt es ja die Landschaftsplanung. Dass diese aber zum harmlosen Papiertiger verkommen ist, muss als Teil der Misere unseres Landes gelten und ist ein Skandal.

Landschaft und Ökosysteme sind weder hip, noch digital. Die Innovation, um die es hier geht, betrifft nicht neue Technologie, sondern unser Denken über die Natur und ihre Entwicklungsfähigkeit. Wir benötigen einen neuen Diskurs zu einer knappen, nur beschränkt erneuerbaren und strategischen Ressource: Wofür ist unser Land da?———

Zum Autor

Pierre L. Ibisch ist Biologe und Professor für Naturschutz an der Hochschule für nachhaltige Entwicklung Eberswalde. Seine fachlichen Schwerpunkte sind Naturschutz, Biodiversität und nachhaltige Entwicklung im globalen Wandel.

Kontakt

Prof. Dr. Pierre Ibisch
Centre for Econics and Ecosystem Management
Hochschule für nachhaltige Entwicklung
Eberswalde
E-Mail Pierre.ibisch@hnee.de

Energiepreissicherheit, Klimaschutz und soziale Gerechtigkeit

Progressive Preisgestaltung macht's möglich

Von Joachim H. Spangenberg und Werner Neumann

━━━━Neben Verkehr ist der Gebäudesektor der Bereich, in dem die Politik der rotgrün-gelben Bundesregierung gemessen an den eigenen Zielen am deutlichsten versagt. In beiden Sektoren hält Deutschland noch nicht einmal seine eigenen, im Klimaschutzgesetz (KSG) gesetzten Ziele ein – obwohl diese Ziele bereits unzureichend sind gemessen an der rechtsverbindlichen 1,5-Grad-Grenze im Paris-Abkommen von 2015. Diese Einschätzung wurde vom Bundesverfassungsgericht durch die unter anderem vom BUND 2021 erstrittenen Klimaverfassungsvorgaben bestätigt. Im Januar 2023 hat der BUND Klage gegen die Bundesregierung eingereicht wegen Nichtumsetzung eines gemäß KSG erforderlichen Sofortprogramms in diesen Bereichen.

Nachhaltigkeit – der Begriff hat in den Medien mittlerweile Konjunktur. Häufig bleibt die Berichterstattung jedoch an der Problemoberfläche. Nachhaltigkeit ist beim größten deutschen Umweltverband, der zwei große Studien über ein zukunftsfähiges Deutschland initiiert hat, und der *politischen ökologie* seit vielen Jahren gut aufgehoben. Deshalb suchen sie die Zusammenarbeit: In jeder Ausgabe gibt es an dieser Stelle einen Hintergrundbeitrag von einem oder einer BUND-Autor*in.

Bund für Umwelt und Naturschutz Deutschland

⊘BUND

FRIENDS OF THE EARTH GERMANY

Gleichzeitig leiden viele Haushalte mit geringerem Einkommen unter den massiv gestiegenen Energiepreisen – schon in der Vergangenheit wurde jedes Jahr rund 300.000 Haushalten der Strom und rund 30.000 Haushalten das Gas wegen unbezahlter Rechnungen gesperrt. Ohne Energie aber ist ein menschenwürdiges Leben nicht nur im Winter unmöglich. Die Anzahl der Betroffenen droht massiv zu steigen, denn die allgemeine Teuerung schmälert das Haushaltsbudget, das für Energie zur Verfügung steht. Strom- und Gaspreisdeckelungen können diese Entwicklung zwar dämpfen, aber nicht aufhalten. Zudem kommen die staatlichen Unterstützungen oft so spät und sind teilweise mit so zeitraubenden Antragsverfahren verbunden, dass die zeitliche Lücke zwischen Anstieg der Ausgaben und Eingang der Hilfen zu massiven sozialen Problemen führen kann. Gesucht ist also eine Lösung, die kurzfristig hilft, Sicherheit bietet, Energiesperren verhindert und gleichzeitig die Gesamtemissionen reduziert. Das ist das Ziel des hier beschriebenen BUND-Konzepts für Energiesicherheit und Klimaschutz. Es verdeutlicht, wie sich soziale und ökologische Anforderungen zugleich und miteinander kombiniert umsetzen lassen.

Das Konzept besteht darin, dass ein bestimmter, sehr sparsam gerechneter Grundbedarf an Energie (Strom, Gas, Fernwärme) auf Dauer kostenlos allen Menschen zur Verfügung gestellt wird, um Energiesicherheit für alle zu gewährleisten. Es blieben so lediglich die geringen, gesetzlich vorgeschriebenen Beiträge, die nur einen Bruchteil der bisherigen Rechnungsbeträge ausmachen, individuell zu bezahlen. Die Berechnung der Freimengen bezieht sich dabei auf absolute Werte, in Abhängigkeit von der Personenzahl (Strom) beziehungsweise der baulichen Voraussetzungen der Wohnung (Heizenergie). Gleichzeitig sind Härtefälle zu berücksichtigen, etwa wenn durch Pflegebedürftigkeit ein erhöhter Energiebedarf besteht.

Das Konzept unterscheidet sich grundsätzlich von dem Ansatz, einen bestimmten Anteil des Vorjahresverbrauchs als Berechnungsgrundlage zu nehmen – damit würden Energieverschwender*innen durch einen höheren Zuschuss belohnt und gleichzeitig Menschen, die bereits früher sehr sparsam gelebt haben, benachteiligt. Eine solche Regelung (verbunden mit einem Deckel, um die Subventionierung von Luxusverbräuchen zu verhindern) wäre höchstens als Übergangsregelung für eine Heizperiode akzeptabel gewesen, wenn das für eine beschleunigte Umsetzung notwendig gewesen wäre.

Eine weitgehend kostenlose Grundversorgung muss natürlich finanziert werden. Das BUND-Konzept sieht vor, dass dies nicht aus Steuermitteln geschehen soll, sondern durch Umschichtung der Kosten für den häuslichen Energieverbrauch innerhalb der Gemeinschaft der Verbraucher*innen. Konkret heißt das, dass die Kosten oberhalb der Grundversorgung stufenweise progressiv ansteigen, statt – wie bisher – bei Mehrverbrauch zu sinken und so zu einem höheren Energieverbrauch anzuregen. Auf diese Weise wird nicht nur die Subventionierung von Energieverschwendung vermieden, sondern es ergeben sich erstmals Preise, die auch Menschen mit hohem Einkommen und entsprechendem Energieverbrauch zum Energiesparen anhalten. Denkbar sind auch Stufentarife bezogen auf einen Referenzverbrauch. Beispielsweise könnte der Strombezug bis 1.000 Kilowattstunden (kWh) pro Person auf fünf Cent pro Kilowattstunde (ct/kWh) gesenkt und zwischen 1.000 und 2.000 kWh auf 75 ct/kWh erhöht werden, anstelle eines für alle gleichen Tarifs von 40 ct/kW. (1) Führt man Zwischenstufen ein, steigt der Spitzenpreis; auch wenn die Kilowattstunde in der untersten Preisgruppe kostenlos wäre, würden sich die Spitzenpreise entsprechend erhöhen.

Finanzierung durch Umverteilung der Kosten

Für die Energielieferanten entstünde ein Nullsummenspiel – jeder von ihnen hätte nach wie vor die Möglichkeit, eigene Tarife (Stufen und Preise) zu definieren, nur die Grundtendenz der progressiven Preise wäre vorgegeben. Für einen finanziellen Ausgleich sorgt dann das Energieunternehmen selbst, schon aus Eigeninteresse. Die Summe der Preisreduktionen unterhalb eines Grundbetrags sollte den Preisaufschlägen oberhalb dieser Schwelle in der Summe entsprechen. Ob dies durch einen bundesweiten Ausgleichsfonds, wie wir ihn aus dem Gesundheitssystem kennen, ergänzt werden müsste, um regionale oder beitragsbezogene Ungleichgewichte auszugleichen, wäre im Rahmen der Umsetzung zu prüfen. Auf jeden Fall gäbe es keine Subventionen für Industrie oder Mitnahmeeffekte für die Energielieferanten. Der Staatshaushalt würde im Vergleich zu den aktuell realisierten Modellen nicht oder nur gering belastet. Die Finanzierung würde also nicht über neue Schulden, sondern durch Umverteilung erfolgen.

Anreiz zur Verbrauchsminderung

Da der Grundfreibetrag sich an den unvermeidbaren Nutzungsmengen orientiert, wird durch die kostenlose Bereitstellung der Verbrauch nicht ansteigen, denn jeder Anreiz dazu wird durch die progressiven Tarife abgeblockt. Wir erwarten vielmehr, dass die Preissignale für Vielverbraucher*innen zu spürbaren Verringerungen der Emissionen führen. Wohlhabende Haushalte sind auch diejenigen, die sich Energiesparinvestitionen am besten leisten können, dies mangels ausreichender Preissignale jedoch nicht immer tun. (2) Voraussetzung für wirksame Sparanreize ist dabei zum einen die verständliche Kommunikation der Tarifstufen mit Hinweisen, wie sie sich bei gleichbleibendem individuellem Energieverbrauch finanziell auswirken würden. Zum anderen müssen Staat, Kommunen und Verbraucher*innenorganisationen konkrete Handlungsmöglichkeiten aufzeigen, die den Energieverbrauch wirksam reduzieren würden.

Auch der administrative Aufwand wäre gegenüber den jetzt realisierten Modellen deutlich geringer. Erforderlich wäre lediglich eine Meldung der Stromkund*innen, wie viele Personen in ihrem Haushalt angemeldet sind. Wer das nicht weiß, kann es mit einer einfachen Abfrage beim Meldeamt erfahren; die Übermittlung würde aus Datenschutzgründen durch die Kund*innen erfolgen – ohne Angaben würde ein Einpersonenhaushalt angenommen. Dieser Meldeaufwand ist weitaus geringer, als der jetzt übliche Aufwand zur Prüfung von Anträgen etwa nach dem zweiten Sozialgesetzbuch (SGB II) oder auf Wohngeld.

Die Erfassung des energetischen Zustands der Wohnung wäre zwar aufwendiger, ist für das Gelingen und Monitoring der Wärmewende jedoch ohnehin notwendig. Bei Mehrfamilienhäusern lassen sich die Energiekennwerte recht einfach aus der Heizkostenabrechnung generieren. Da es sich nicht um Subventionen handelt, ist auch ein Konflikt mit dem EU-Recht nicht erkennbar.

Mit diesem Modell wird eine sichere und bedingungslose Energieversorgung für alle privaten Verbraucher*innen ermöglicht. Das ist nicht nur in der aktuellen Krisensituation wichtig, um eine schnelle Entlastung zu gewährleisten. Auch mittel- und langfristig ist die gesicherte Befriedigung von Grundbedürfnissen zentral, damit Menschen sich auf die dringend notwendige ökologische und soziale Transformation von Gesellschaft und Wirtschaft einlassen können – Veränderungsbereitschaft erfordert Sicherheit.

Kniffliger wird es, das Modell bei nicht leitungsgebundenem Energiebezug – wie Heizöl oder Holzpellets – umzusetzen. Da hier die Lieferungen nicht durch einen einzigen Lieferanten erfasst werden, müsste eine Meldung der zurückliegenden Energielieferungen an eine staatliche Stelle erfolgen, die dann bezogen auf Personenanzahl und Energiekennwert den Jahresverbrauch berechnet und eine Förderung auszahlt. Die Finanzierung müsste dann über eine Auflage auf die Preise aller Lieferanten erfolgen.

Bedingungslose Energieversorgung

Auch das BUND-Konzept für Energiesicherheit und Klimaschutz löst natürlich nicht alle Probleme. Zum einen ist es für Privathaushalte konzipiert. Für Unternehmen müsste eine andere Lösung gefunden werden, die sich aber für Start-ups und Kleinunternehmen an einige Elemente des Konzepts anlehnen könnte. In jedem Fall gilt es, ein solches Konzept mit einer breiten wirksamen Energieberatung zu verbinden. Speziell für Haushalte mit geringem Einkommen sollte daher der Stromspar-Check mit Bundesförderung bundesweit verfügbar werden. (3) Perspektivisch könnten Mittel aus dem Klimasozialfonds verwendet werden, für die ab 2026 EU-weit 86 Milliarden Euro bereitstehen sollen. Für 25 Prozent der Bevölkerung mit geringem Einkommen wären dies circa 500 Euro im Jahr, die gezielt fürs Energiesparen eingesetzt werden könnten. Gut, wenn bis dahin ein System etabliert wäre, dass sozial gezielt hilft, ökologisch wirksam ist und nicht wie

derzeit Mitnahmeeffekte von Vielverbraucher*innen fördert. Flankiert werden muss das Ganze durch gesetzliche Vorgaben und Fördermittel für die Reduktion des Energiebedarfs und den Umstieg auf erneuerbare Energiequellen in allen Sektoren.

Da unser Modell hilft, Energiearmut zu verhindern und zugleich stärkere Anreize zum Energiesparen gibt, lässt es sich analog auch auf den Wasserverbrauch anwenden. Dort werden die Preise zeitversetzt ebenfalls ansteigen, bedingt durch die höheren Energiekosten. Für das wertvolle Lebensmittel Wasser bietet sich aus ökologischen Gründen ohnehin eine progressive Preisgestaltung an. Engpässe liegen durch hohe Nitratbelastungen und Auswirkungen von Trockenheiten und übermäßiger Wasserförderung bereits vor. ____

Anmerkungen

(1) https://konzeptwerk-neue-oekonomie.org/wp-content/uploads/2022/09/Dossier_Energietarife_KNOE_2022.pdf

(2) European Environment Agency (EEA) (2022): Behavioural factors influencing the uptake of energy efficiency in residential buildings. Report. EEA, Kopenhagen.

(3) Vgl. z. B. www.stromspar-check.de

Zu den Autoren

Dr. Joachim Spangenberg ist Biologe und Volkswirt sowie Vorsitzender des wissenschaftlichen Beirats des BUND.
Dr. Werner Neumann ist Physiker und seit 2004 Sprecher des Bundesarbeitskreises Energie des BUND.

Kontakt

Dr. Joachim Spangenberg
Dr. Werner Neumann
Bund für Umwelt und Naturschutz (BUND)
E-Mail joachim.spangenberg@bund.net
werner.neumann@bund.net

Haben Sie eine der letzten Ausgaben verpasst? Bestellen Sie einfach nach!

pö 164/165 Mobilitätswende
Die Zeit ist reif. 17,95 €

pö 166 Resiliente Zukünfte
Mut zum Wandel. 17,95 €

pö 168 Wandlungsfähig
Das Potenzial transformativer
Umweltpolitik. 18,95 €

Das Gesamtverzeichnis finden Sie unter **www.politische-oekologie.de**, E-Mail neugier@oekom.de

Impressum

politische ökologie, Band 172
Transformativ
Nur mit Geschlechtergerechtigkeit
April 2023
ISSN (Print) 0933-5722, ISSN (Online) 2625-543X,
ISBN (Print) 978-3-98726-004-9, ePDF-ISBN 978-3-98726-228-9
Verlag: oekom – Gesellschaft für ökologische Kommunikation mit
beschränkter Haftung, Waltherstraße 29, D-80337 München
Fon ++49/(0)89/54 41 84-0, Fax -49
E-Mail oxenfarth@oekom.de
Herausgeber: oekom e. V. – Verein für ökologische Kommunikation,
www.oekom-verein.de
Chefredakteur: Jacob Radloff (verantwortlich)
Stellvertr. Chefredakteurin und CvD: Anke Oxenfarth (ao)
Redaktion: Marion Busch (mb), Antonio Mastroianni (am)
Schlusskorrektur: Silvia Stammen
Gestaltung: Lone Birger Nielsen
E-Mail nielsen.blueout@gmail.com
Anzeigenleitung/Marketing: Karline Folkendt,
oekom GmbH (verantwortlich),
Fon ++49/(0)89/54 41 84-217
E-Mail anzeigen@oekom.de
Bestellung, Aboverwaltung und Vertrieb:
Verlegerdienst München GmbH, Aboservice oekom verlag,
Gutenbergstr. 1, D-82205 Gilching
Fon ++49/(0)8105/388-563, Fax -333
E-Mail oekom-abo@verlegerdienst.de
Vertrieb Bahnhofsbuchhandel: DMV Der Medienvertrieb
GmbH & Co. KG, Meßberg 1, 20086 Hamburg

www.blauer-engel.de/uz195
· ressourcenschonend und
  umweltfreundlich hergestellt
· emissionsarm gedruckt
· überwiegend aus Altpapier
LQ6
Dieses Druckerzeugnis ist mit dem Blauen Engel ausgezeichnet.

RECYCLED
FSC Papier aus Recyclingmaterial
www.fsc.org FSC® C109320

Druck: Kern GmbH,
In der Kolling 120, 66450 Bexbach.
Gedruckt auf FSC®-zertifiziertem Recyclingpapier.
Bezugsbedingungen: Jahresabonnement Print:
für Institutionen 132,00 €, für Privatpersonen 75,50 €,
für Studierende ermäßigt (gegen Nachweis) 58,00 €.
Print + Digitalabo Institution: 231,00 €, privat: 117,00 €,
ermäßigt (gegen Nachweis): 90,50 €. Alle Preise zzgl. Versandkosten.
Preise gültig ab 01.01.2023. Das Abonnement verlängert sich automatisch,
wenn es nicht sechs Wochen vor Ablauf schriftlich gekündigt wird.
Einzelheft: 18,95 € zzgl. Versandkosten. E-Book-Preis: 14,99 €.
Konto: Postbank München,
IBAN DE59 7001 0080 0358 7448 03, BIC PBNKDEFF.

Die Deutsche Nationalbibliothek – CIP-Einheitsaufnahme. Ein Titeleinsatz
für diese Publikation ist bei der Deutschen Nationalbibliothek erhältlich.

Nachhaltiges Finanzsystem

politische ökologie (Band 173) – Juli 2023

Das Finanzsystem spielt eine Schlüsselrolle für den Umbau zu einer nachhaltigen Wirtschaftsweise. Zwar gibt es inzwischen mit Taxonomie sowie Offenlegungs- und Berichtspflichten erste Regeln für ein klimafreundliches Finanzsystem, in dem auch Naturschutz und soziale Fragen stärker in den Vordergrund rücken. Trotzdem sind Banken, Versicherer und Vermögensverwalter weiter Teil des Problems und weit davon entfernt, die 1,5-Grad-Grenze mit ihren Aktivitäten zu unterstützen. Grünfärberei ist nach wie vor an der Tagesordnung.

Ohne grundlegende Veränderungen im Finanzsystem kann die nachhaltige Wende nicht gelingen. Während vielfach bereits für Transparenz gesorgt wird, sind Instrumente mit direkter Lenkungswirkung noch rar. Die *politische ökologie* bewertet den Status quo des Finanzsystems in der gesamtwirtschaftlichen Transformation, benennt aktuelle Hindernisse und skizziert Möglichkeiten der Weiterentwicklung.

Die ***politische ökologie*** (Band 173) erscheint im Juli 2023 und kostet 18,95 €
Print-ISBN 978-3-98726-025-4, ePDF-ISBN 978-3-98726-250-0

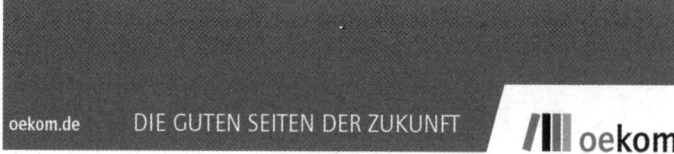